FOLIO JUNIOR

A mon fils Tanguy

Pierre Lepère

La Jeunesse de Molière

Illustrations de Philippe Mignon

FOLIO JUNIOR/GALLIMARD JEUNESSE

Le pavillon des singes

En cette nuit du 14 janvier 1622, la maison située au coin de la rue Saint-Honoré et de la rue des Vieilles-Étuves était absolument silencieuse. On eût dit un vaisseau fantôme échoué dans les glaces. Le bon peuple des Halles l'appelait le pavillon des Singes, à cause du poteau d'angle sculpté où des sapajous plus vrais que nature escaladaient un oranger en fleur.

Jean II Poquelin, fils aîné de Jean Poquelin et d'Agnès Mazuel, attendait que la mère Bonnel lui annonçât la naissance de son premier enfant. Depuis qu'elle l'avait mis au monde, vingt-six ans plus tôt, elle n'avait pas beaucoup changé. Sous le règne d'Henri IV déjà, elle était reconnaissable à ses allures de vilaine fée, bossue devant comme derrière.

Le pavillon possédait trois étages, reliés par un escalier à vis. Au premier, Marie endurait depuis de longues heures les douleurs de l'enfantement. De temps en temps un cri fusait, vite étouffé par des mouchoirs humides. Les servantes descendaient des seaux et les remontaient avec de soyeux glissements de danseuses.

Jean se tenait immobile derrière une fenêtre du deuxième étage aux petits carreaux vert bouteille, regardant de l'autre côté de la rue Saint-Honoré s'ouvrir l'artère sinueuse et sombre de l'Arbre-Sec, bordée de façades en brique escarpées comme des falaises.

En secouant leur lanterne, des ombres transies se hâtaient avant le couvre-feu.

« Naître est une broderie étrange », se dit-il.

Il comprenait à présent pour quelle raison il était tenu à l'écart. Ce qui se passait juste en dessous était une affaire de femmes, un secret couvé dans des bassines, derrière des portes closes, au creux des garde-robes ou des lingeries, entretenu sous de vastes chemises de toile ou de lin, bercé sous ces épais manteaux de ratine que Marie avait portés tout l'automne.

Que pouvaient-ils faire d'autre, les hommes, que de guetter le miracle ? On les maintenait à distance de ces champs de bataille comme ils se montraient muets sur leurs propres guerres.

Le pays était de nouveau à feu et à sang. Le duc de Luynes, favori du jeune Louis XIII, avait succombé à la fièvre pourpre un mois plus tôt en assiégeant Montauban. Les foyers de calvinistes se multipliaient. Rien ne pouvait donc faire entendre raison à ces enragés ?

A l'extérieur, la situation n'était guère plus florissante. La maison d'Autriche menaçait de contrôler l'Europe. Le triomphe des Habsbourg signifiait à terme l'encerclement de la France par les Espagnols.

Mais personne ne pouvait se douter que le conflit qui couvait durerait trente ans.

En soupirant, Jean s'installa derrière son écritoire et entreprit de mettre à jour ses calculs du trimestre. Les colonnes de chiffres qu'il alignait le rassuraient. Avec une volupté d'avare, il dégustait ses bénéfices passés et à venir.

« C'est cela, vivre ! pensa-t-il. Tout passe si vite ! A peine avons-nous le temps d'être heureux qu'il faut se préparer à quitter ce monde. Les comptes de Dieu sont toujours justes. Aucune réclamation n'est admise. »

Mouillant son doigt, il murmura :

– Reprenons !

Tandis que Marie recommençait à hurler en bas, séparée de lui par l'épaisseur d'un plancher de chêne et d'un tapis de Perse, il égrena ses additions comme un chapelet.

– C'est un garçon, mon petit, tu es content ? feula la mère Bonnel en se tamponnant les paupières. Elle serra Jean dans ses bras qui ressemblaient à des bûches et lui râpa la figure d'un baiser de tigresse.

– Va le voir, l'encouragea-t-elle. Allez, n'aie pas peur.

S'arrachant à son étreinte, il s'approcha du lit, dont les baldaquins en serge de Mouy verte ornée de franges de soie retombaient lourdement.

Dans la cheminée, gardée par des chenets de cuivre, brûlait une flambée de sarments. Cinq tableaux, accrochés sur la tenture de Rouen des murs, entouraient le miroir vénitien où dansaient des figures fantastiques.

Redressée contre d'énormes oreillers de plumes d'oie, Marie faisait de ses seins rebondis un berceau de chair blanche et tiède au nouveau-né.

Le père tout neuf était fasciné par ce bambin au visage rond, coiffé d'une mousse de boucles blondes, aux lèvres charnues entrouvertes avec gourmandise.

Dorine, une robuste Champenoise d'un âge indéfinissable, se tenait en retrait, les mains jointes. Jean lui fit signe et tous les deux soulevèrent jusqu'à la ruelle – entre le lit et le mur – l'un de ces fauteuils bas qu'on appelait caquetoires.

Jean s'y laissa tomber puis, la tête dans les mains, se mit à bredouiller :

– Je suis si heureux, Marie. Je peux le toucher ?

– Mais bien sûr, voyons ! répondit-elle en riant.

Ses dents parfaites brillaient à la lueur des bougies.

Il avança des doigts tremblants vers ce petit être inconnu qui le fixait de ses prunelles sombres. Devant ses tapisseries les plus précieuses, jamais il n'avait pris plus de précautions. Cette joue fraîche était une étoffe vivante. Il suivit l'arc minuscule et rose de la bouche gonflée par une ironie boudeuse, s'émerveillant de la façon dont l'enfant se lovait sur la poitrine de sa mère.

– Tu as beaucoup souffert, n'est-ce pas ? demanda-t-il soudain à Marie, redevenue sérieuse.

– Oui, mon ami, plus que je ne saurais dire.

Elle était belle autrement, maintenant qu'elle avait donné la vie. Ses vingt ans se paraient d'un éclat sacré, surgi du plus profond d'elle-même.

Le jour se levait. Sur les vitres, des soleils de givre s'allumèrent. Il remonta dans son bureau et, le cœur léger, se remit au travail.

– J'appellerai mon fils Jean ! décida-t-il. Et lui aussi sera tapissier.

Le 15 janvier 1622, à neuf heures du matin, les portes de l'église Saint-Eustache s'ouvrirent toutes grandes tandis que les cloches grelottaient dans l'air blanc.

Le grand-père maternel, Louis Cressé, parrain désigné à la hâte, marchait devant, suivi par sa femme, Marie Asselin. Il avançait avec précaution, tenant son filleul contre lui comme une bonbonnière de porcelaine.

A sa gauche, une aïeule plumassière, Denise Lecacheux, tirée de son lit à l'aube, suivait la cadence en poussant des râles d'agonisante, soutenue par la grand-mère paternelle, Agnès Mazuel, maîtresse lingère à l'enseigne de Sainte-Véronique, dans la friperie des Halles.

Derrière eux, conduits par Jean II et son frère Nicolas, processionnaient les huit tapissiers ordinaires du roi, plus richement vêtus que des rois mages, épée de chevalier à la hanche et brocarts de velours.

– Félicitations, Jean ! s'écria Dubout, doyen de la confrérie de la Passion, en donnant l'accolade à son collègue.

– Les Flamands de la Bièvre n'ont plus qu'à bien se tenir ! dit un autre la main tendue.

– Longue vie à Jean III Poquelin ! s'exclama un troisième d'une voix caverneuse.

– Regardez comme il observe les manœuvres du prêtre, murmura un quatrième. Il n'en perd pas une bouchée.

– Qu'il est joli ! lança une commère à la mine extasiée.

Un cercle de voisines, pareilles à de grosses mouches attirées par un morceau de sucre, se forma autour des fonts de marbre.

Le bambin ne bougea pas un cil quand les gouttes d'eau lustrale roulèrent sur son front bombé. Il émit seulement un rot, mais avec tant d'énergie que toute l'église en résonna. Imitant la grand-mère Mazuel, l'assistance fut prise d'un fou rire sonore qui s'enraya devant le froncement de sourcils de l'abbé offusqué.

C'est en souvenir de cette cérémonie qu'un peu plus tard Jean ajouta le prénom de Baptiste à celui qu'il avait déclaré sur l'acte officiel.

Par sa magnificence, le déjeuner qui succéda au baptême fit oublier la maussaderie du temps. Jusqu'au soir, le pavillon des Singes bourdonna d'un brouhaha semé d'exclamations enivrées. Dans un angle fleuri de la salle à manger, un petit orchestre de violons accompagnait ces agapes de coups d'archet frénétiques.

L'enfant-silence

Pendant les cinq années qui suivirent, Baptiste parla si peu que son père l'appela l'enfant-silence.

Toute la journée, il escortait Dorine dans les couloirs et les escaliers. Il s'amusait ensuite à imiter devant elle l'animation de la cuisine.

– Que tu es drôle, mon Baptiste ! lui disait la servante en étouffant un roucoulement dans son fichu bariolé. Ah, vrai, tu n'as pas les yeux dans ta poche !

A l'époque, l'usage voulait que les jeunes garçons portent une robe. Sa préférée, dorée avec des reflets fauves, lui donnait l'allure d'une grosse abeille. Très ample, elle ne l'empêchait pas de sauter, de courir, de se rouler en boule, de se faufiler dès qu'il voyait luire l'entrebâillement d'une porte.

Mais il lui arrivait de rester assis sur son derrière, plongé dans une réflexion mystérieuse qui le faisait hocher la tête de temps en temps.

Les soirées étaient réservées à sa mère. Il se lovait à ses genoux et posait son front sur l'étoffe chuchotante de ses jupons. Marie s'emparait d'un livre. Alors, il levait vers elle ses prunelles ardentes et l'écoutait jeter les mots en l'air comme des notes de clavecin.

Elle était toujours gaie. Sa chevelure ruisselait sur ses épaules. Quand elle riait, elle se tenait les seins pour les empêcher de jaillir de son corsage de toile.

Elle était aussi pieuse que son mari mais à sa façon, naturelle et libre. On ne la surprenait jamais agenouillée sur le prie-Dieu de velours qui trônait dans la chambre conjugale et dont Jean faisait un usage immodéré. Elle croisait modestement les doigts, comme à la sauvette, et priait bouche close.

Que c'était beau de la regarder assise devant la cheminée en bois, penchée sur sa Bible ouverte, tandis que les reflets des flammes éclairaient son visage limpide !

Un soir, sa voix chantante modula pour Baptiste le onzième chapitre de la Genèse :

Les hommes de toute la terre parlaient alors la même langue et usaient des mêmes mots. Marchant à l'est, ils parvinrent dans une plaine, s'y installèrent et se dirent l'un à l'autre : « Moulons des briques et cuisons-les. » Puis, au lieu de mortier, ils se servirent de bitume. « Bâtissons-nous une ville, dirent-ils encore, et une tour dont le sommet touche le ciel. Nommons-nous de cette façon et ne soyons plus dispersés sur la surface de la terre. »

Ces récits captivèrent davantage le petit garçon que les contes remplis de nains, de nigauds et de sorcières. A partir de cet instant, il eut du mal à s'endormir sans avoir caressé le dos de cuir du saint Livre.

Le silence obstiné de son fils inquiétait Marie. Elle avait tout essayé pour nouer un dialogue impossible. Il disait « Maman », « Papa », « Dieu ». Il disait « Louis » en faisant la révérence. Le nom de son bien-aimé grand-père maternel était celui du roi de France, Louis XIII le Juste, dont le règne durait depuis dix-sept ans.

Marie lui enseigna très tôt l'écriture. Sur de grandes feuilles de vélin, elle dessina les vingt-six lettres de l'alphabet et les enlumina de figures riantes. Elle leur donna une couleur, leur attribua une identité d'animal ou de fleur.

Celle qu'il préférait, c'était le M, à cause de ses jambes moelleuses, de son aspect moutonnant et solide à la fois.

– Elle rime avec je t'aime, lui disait Marie.

Les ténèbres effrayaient tant Baptiste qu'on prit l'habitude d'allumer trois chandeliers dans sa chambre.

Mais les ombres croisées sur les murs avaient des allures de spectres et Dorine devait lui tenir compagnie jusqu'au matin.

La pauvre femme dormait affalée dans un fauteuil crapaud en lui tenant la main. Elle ronflait si fort qu'il avait l'impression qu'un énorme carrosse cahotait sur les pavés de la cour.

Une nuit, il ordonna qu'on souffle les chandelles et se tint immobile dans le noir, les yeux dilatés, le cœur battant. Ainsi, peu à peu, il apprit à surmonter sa peur.

Autour de lui tout était morne. Pourquoi son père faisait-il une si triste figure ? On aurait dit que cet homme en éternel habit noir se retirait en lui-même. Jean Poquelin vivait dans un mystère si épais que personne ne pouvait l'y rejoindre.

Il ne s'animait que lorsqu'il évoquait son art. Dès que son fils eut sept ans, il l'emmena dans ses vastes ateliers des Halles, lui montra les cartons surchargés de motifs.

Les gigantesques métiers à tisser ronronnaient férocement sous les voûtes. Vêtus de blouses grises, des garçons de l'âge de Baptiste s'affairaient. D'autres, à peine plus grands, portaient des caisses d'un bout à l'autre de l'entrepôt où s'entassaient les toiles en souffrance.

Depuis un édit d'Henri IV, daté de 1601, les importations de tapisseries italiennes, très en vogue depuis la Renaissance, étaient interdites. Le roi avait encouragé la création d'une école française qui avait connu une rapide floraison.

Deux réfugiés huguenots d'origine flamande, Marc de Coomans et François de La Planche s'étaient installés dans le faubourg Saint-Marcel après avoir francisé leur nom, tandis que Maurice Dubout ouvrait l'Atelier de la grande galerie du Louvre.

Des plus nobles familles de la capitale, les commandes affluaient.

La cour n'était pas en reste. Pendant la régence de Marie de Médicis, le maréchal d'Ancre, Concino Concini, avait offert à sa royale maîtresse une tenture qui transposait dans une Antiquité dorée les principaux épisodes de leur passion.

A présent, les tapissiers parisiens formaient une confrérie respectée.

– Mon cher enfant, disait Jean, nous avons non seulement le privilège d'orner les meilleures maisons de Paris mais aussi celui de servir Sa Majesté dans ses appartements. N'est-ce pas une destinée enviable ? Sache que tu ne manqueras jamais de rien si tu obéis aux lois des hommes, qui sont le reflet imparfait de celles de Dieu.

En décrivant à Baptiste l'avenir radieux qui l'attendait, des tics d'un autre monde désarticulaient le pâle visage de Jean.

Le petit garçon connaissait si peu son père. D'habitude, il le trouvait froid, sinistre, désemparé. Comment n'aurait-il pas cherché un héros plus familier ?

Le grand-père Miracle

Baptiste guettait les visites de son grand-père comme celles d'un ange. Louis Cressé n'avait pourtant rien d'un séraphin. Il était aussi maigre que Don Quichotte, habillé à la diable, et jurait comme un crocheteur.

Il avait été autrefois un tapissier habile mais sans génie. A cinquante ans, cet âge terrible qui marque le début de la vieillesse, il acheta une charge de porteur de grains et s'installa dans une petite maison à Saint-Ouen, au bout de la rue principale qui menait vers Saint-Cloud.

Il était heureux de cette campagne, parmi les paysans et les maraîchers. A table, il buvait par petites gorgées pensives le vin noir de ses vignes.

Le dimanche, il enfourchait Sarah, une rossinante alezane et, cahin-caha, se rendait à Paris pour y chercher son petit-fils. Depuis l'hiver où celui-ci était venu au monde, la vie du vieil homme avait repris des couleurs.

Un jour de février 1627, il dit à Baptiste qui regardait mélancoliquement par la fenêtre le va-et-vient des voitures dans la rue Saint-Honoré :

– Que dirais-tu de m'accompagner tout à l'heure ?

Cela voulait dire « aussitôt ». L'enfant regarda son grand-père et forma un joli « oui » de sa grosse bouche aux lèvres rouges.

Durant le trajet, assis à califourchon sur l'encolure de Sarah et solidement tenu entre les rênes, il ne cessa d'émettre des ramages de moineau tant il était excité.

Louis Cressé s'esclaffait à grand bruit, faisant sursauter sur son passage les belles lavandières, tandis que la jument se frayait placidement un chemin parmi les poules et les cochons.

Jamais le vieux porteur de grains n'avait aimé avec autant de flamme, autant d'emportement. Il ne pouvait se rassasier de ce babil charmant. Ce n'est pas par hasard qu'il emmena d'abord Baptiste voir les acteurs italiens. Leur langue étant un baragouin sonore aux oreilles du bon peuple, ils avaient mis au point toute une gestuelle, sorte de mime parlé destiné à illustrer l'action.

Il y avait du vent sur le Pont-Neuf. Les rangées de maisons qui le bordaient ressemblaient à des trompe-l'œil. Elles étaient si rapprochées, si compactes, qu'on avait du mal à ne pas se croire sur la terre ferme alors qu'on évoluait sur l'eau.

Les rafales tourbillonnantes jouaient à la toupie avec les couvre-chefs des spectateurs, faisaient claquer les toiles du théâtre en plein air où évoluait la troupe du duc de Mantoue, pliaient les comédiens à des contorsions outrées.

Puis la tempête se calma. Louis Cressé, les yeux exorbités devant les ruses de Polichinelle et les jupes troussées de Colombine, ne s'était aperçu de rien. Baptiste non plus, ses yeux ronds au niveau de la scène qui palpitait. Ils riaient tous les deux avec une si franche gaieté que la foule augmentait de plus en plus derrière eux.

Même Sarah, la paupière tombante et la robe poussiéreuse, sa jolie tête tournée vers le spectacle, hennissait de plaisir.

Chaque dimanche, Louis fit faire à son petit-fils le tour des tréteaux enchantés. Ainsi Baptiste assista-t-il au chant du cygne du fameux Tabarin.

Accompagné par son frère Mondor, qui opérait des effets spéciaux avec de la poudre de riz et des cotillons, cet intarissable colosse jouait tous les rôles à la fois. Il imitait le tonnerre à merveille, n'hésitait pas à manger du feu si le public était froid.

De temps en temps, quand il était à court d'inspiration, il battait sa femme, une Napolitaine aussi muette qu'il était bavard. Dans un irrésistible sabir, Tabarin prenait l'assemblée à témoin de l'indulgence coupable de l'Église qui avait accordé une âme à ces animaux-là.

Pendant qu'il dissertait, la bonne femme, ayant repris ses esprits, lui adressait à toute volée un coup de pied au cul, révélant par ce geste vengeur une cuisse de nymphe.

Le petit garçon put applaudir aussi à l'Estrapade le trio comique le plus en vogue à cette époque, Turlupin, Gros-Guillaume et Gaultier-Garguille.

Le premier ressemblait à un Maure, avec sa peau sombre, ses yeux d'ébène, sa barbiche de jais. Était-ce l'un des ces Barbaresques dont la gazette relatait chaque semaine les terrifiants exploits ?

La dague recourbée que Turlupin portait au côté, passée dans une ceinture de cuir rouge, frémissait à chacune de ses contorsions. Sans crier gare, sa face obscure s'éclairait d'un sourire. D'une coulisse à l'autre, avec des grâces de ballerine, il tricotait des entrechats qui faisaient claquer l'étoffe orange, rayée de blanc, de son pantalon. Sa cape cramoisie s'enflait comme une voile.

Puis Turlupin s'arrêtait net, cloué sur place. Posant l'index contre les poils en fourche de son menton, il avait l'air de s'interroger sur la marche à suivre.

Cessant de danser, il s'avançait d'un pas de paysan fourbu vers la première rangée de spectateurs et se laissait rouler dans la poussière en poussant des râles, éclairé tout entier par les flambeaux de la rampe.

A cet instant, Gros-Guillaume surgissait côté jardin pour lui tâter le pouls.

C'était une créature si étrange qu'au moment d'en rire, on se demandait s'il ne valait pas mieux en pleurer, enfarinée, mélancolique, toute en rondeurs, du crâne aux genoux. Son énorme tête chauve présentait une physionomie de spectre, sans barbe ni sourcils. On aurait dit le croisement d'un bonhomme de neige et d'un épouvantail.

Après avoir examiné la pseudo-victime, il se redressait de toute sa haute taille et demeurait silencieux, face au public, les bras croisés derrière le dos, une moue interrogative accrochée à sa face de citrouille lunaire.

Alors le troisième larron, Gaultier-Garguille, jaillissait côté cour, tout de noir et de rouge vêtu, tanguant avec des ruses sournoises de spadassin. Il portait un masque de cuir noir et une toque de velours d'où s'échappaient de longues mèches blanches.

En deux ou trois pirouettes, il faisait face à Gros-Guillaume qui le regardait tranquillement, sans exprimer ni frayeur ni surprise. Une attitude aussi inconsciente déchaînait des vagues de rires gras. Se relevant d'un bond d'une souplesse serpentine, Turlupin venait se placer à côté de Gaultier. Mais Gros-Guillaume n'en semblait pas ému davantage.

Voilà le genre de divertissement dont raffolait le vieux Cressé.

Le petit Baptiste lisait les lignes de la vie dans la paume de la scène. Rentré à la maison, il se regardait dans la glace en pied du premier étage, faisait des entrechats, des grimaces, se tirait la langue, ébouriffait ses cheveux.

Peu à peu, il s'enhardit jusqu'à répéter les répliques de Turlupin. Il adoptait un ton menaçant et brandissait très haut un sabre imaginaire.

Quand Marie le surprit en train de faire la conversation à son reflet, elle crut qu'elle allait se trouver mal. Comme le son de la voix de Baptiste était doux, aérien et filé, telle une de ces confiseries nuageuses qu'on vendait à la criée sur le Pont-Neuf !

Baptiste était tellement absorbé par son jeu qu'il n'avait pas entendu venir sa mère.

– Mon chéri, tu parles ! s'exclama Marie, les yeux remplis d'une joie humide.

Attirant son enfant contre son corsage qui sentait le foin coupé, elle le berça longtemps et Baptiste se laissa délicieusement envahir par ce bain de fraîcheur.

Comment la passion du théâtre était-elle venue à Louis Cressé ? Il n'en confia la raison à personne, pas même à Baptiste. Celui-ci, qui l'accompagnait dans les coulisses pendant les entractes, vit que l'on saluait avec respect cet homme décharné à la barbe pointue.

Son grand-père savait se faire écouter des actrices Dès qu'il pénétrait dans leur loge, elles se pendaient à ses basques. Certaines le recevaient en tenue légère. Des jupons de gaze ou de mousseline laissaient entrevoir des blancheurs divines, des ombres mystérieuses.

Mais ces coquines se couvraient vite quand elles apercevaient Baptiste. Cet enfant trapu aux jolis cheveux filasse les détaillait de la tête aux pieds avec une curiosité folle. On aurait dit que ses gros yeux allaient lui sortir de la tête. En même temps, il avait un air si grave qu'elles ne pouvaient s'empêcher de rougir.

D'autres se contentaient de hausser les épaules et continuaient à changer de costume sans se soucier de lui.

L'Hôtel de Bourgogne était alors le seul théâtre parisien. Au même moment, Londres en comptait une quinzaine. La confrérie de la Passion était propriétaire de l'Hôtel depuis 1580 et le louait à des troupes diverses qui profitaient de l'exclusivité de ce temple de l'art. Celles qui n'étaient pas assez riches pour y paraître allaient s'égosiller dans une salle de jeu de paume, aux relents de sciure et de sueur.

Louis et Baptiste s'installaient dans une loge du premier étage. A partir de cet observatoire douillet, ils parvenaient à voir une bonne moitié de la scène. Les gens du peuple qui s'entassaient au parterre étaient plus mal lotis encore. Obligés de rester debout dans cet espace plat qui ne comportait aucun siège, ils essayaient d'apercevoir quelque chose entre les têtes branlantes des spectateurs, serrés devant eux comme des harengs dans une caque.

Où étaient-ils les gradins à l'antique, les hémicycles de velours rouge et de bois précieux que les Italiens vénéraient ?

Louis Cressé goûtait toutes les formes de spectacles. Il y avait des soirs pour le drame et des matinées pour la gaudriole. L'obscur et le clair s'unissaient parfois dans des œuvres étranges qu'on appelait « tragi-comédies ». Ces pièces n'obéissaient à aucune règle, montraient par des actions pleines d'imprévu les caprices amoureux et cruels de la vie.

En ce mois de mai 1629, on représentait à guichets fermés *Tyr et Sidon* de Jean de Schelandre. Les épisodes plaisants étaient savamment entrelardés de luttes et d'assassinats.

Aux premiers éclats de violence, Louis mit ses mains sèches sur les paupières de Baptiste. Mais le petit garçon ne voulut rien perdre de l'action et dégagea vivement ses yeux. La Bible lui était si familière qu'il avait grâce à elle apprivoisé ses terreurs.

Jean Poquelin ne regardait pas d'un très bon œil les escapades de son fils aîné. Il eut des mots avec son beau-père :

– Je trouve que Baptiste est un peu jeune pour assister à des pantalonnades grivoises ou à des meurtres grandiloquents. Si vous me le gâtez avec vos fantaisies, pourra-t-il honorer sa charge quand elle lui reviendra ?

– Ne vous fâchez pas, répondait Louis d'un ton las. Ne voyez-vous pas combien cet enfant a changé depuis que je m'en occupe ? Il était muet comme une carpe et le voici qui parle comme un traquet. N'est-ce pas un beau résultat ?

– Certes ! concédait Jean. Il n'empêche que je suis inquiet.

Louis Cressé aimait aussi emmener Baptiste à la foire Saint-Germain qui se tenait vers Mabillon après la Chandeleur. Parmi les tentes bariolées et les tréteaux fleuris, bourgeois et nobles s'y frottaient aux manants.

C'était une kermesse furieuse, rythmée par les romances à la mode, les chansons à boire, les refrains des métiers. On y vendait de tout, des outils les plus usuels jusqu'aux horoscopes des devins de village.

Hieronymo Ferranti, dit l'Orviétan, promettait des nuits incomparables en secouant de longs flacons évasés où sa célèbre liqueur jetait des reflets d'or.

On prenait d'assaut les crieurs d'oublies, ces petites gaufres en forme de cylindre ou de cornet.

Les filles de joie marchandaient leurs charmes avec des grâces de princesse. En les croisant, de flambants mousquetaires se lissaient les moustaches d'un doigt rêveur.

Aux carrefours, des mendiants lézardés de rides psalmodiaient des gargouillis affreux ou bien, affalés dans les papiers gras, des infirmes racontaient leurs exploits guerriers en tâtant leur jambe de bois ou leur moignon rougi.

Baptiste se sentait là-bas comme chez lui, d'autant plus que sa grand-mère, Agnès Mazuel, y exposait souvent sa marchandise, rivières de robes, massifs de rideaux, passementerie en tout genre qui suscitaient les exclamations ahuries des commères.

Il écoutait avec une gourmandise mêlée d'effroi le brouhaha où il était plongé.

Les mots jetés par la foule devenaient des personnages vivants, plus réels que ces ombres mendiantes qu'il croisait en frissonnant. Quelques-uns étaient si vieux que le seul fait de les dire vous mettait un goût de poussière dans la bouche. D'autres étaient jolis et soyeux comme des soubrettes de seize ans. Certains en imposaient à la manière de notables ventrus.

Enfin, il y avait des expressions qu'il ne fallait jamais prononcer tellement elles étaient basses. Ce n'était pas chez lui que Baptiste risquait de les entendre. Jean était très à cheval sur la politesse. Que diable, un tapissier n'était pas un charretier !

Pour son grand-père en revanche, c'était une autre affaire. Quand Louis Cressé était contrarié, il crachait des jurons à faire rougir une cantinière. Baptiste trouvait plaisants ces « vertubleu », ces « diantre », ces « foutredieu », ces « sapristi » et ces « cornegidouille » !

Il rentrait crotté à la maison. Après l'avoir trempé dans une bassine d'eau savonneuse, Dorine lui faisait la conversation, dans sa langue bizarre où le français courant cédait brusquement la place aux rudesses cahotantes de son patois natal.

Le petit garçon aimait entendre rouler les consonnes comme des petits cailloux et claquer les voyelles avec un bruit de pluie.

Il avait deux frères – Jean, né en 24 et Nicolas en 27 – et une sœur, Magdelon, née en 28.

Abattu par une fièvre quarte en 1623, Louis avait à peine franchi le seuil d'une journée et Marie s'était éteinte dans un souffle en 1630, à cinq ans, comme un lustre d'anniversaire.

Jean le suivait partout. Baptiste admirait sa docilité merveilleuse, cette façon de se couler dans le moule que la vie vous a préparé, sans se poser la moindre question.

« Jean est un chat », pensait Baptiste avec envie. « Et les chats sont de grands philosophes. »

Louis Cressé ne dédaignait pas ses autres petits-fils mais il avait vite compris qu'ils ne dévieraient jamais de la voie tracée. La maison Poquelin avait ses héritiers !

Ne pouvait-on cesser de lui gâcher la vie à propos de Baptiste !

– Mon premier né me succédera, c'est une loi divine à laquelle nul ne peut désobéir sans le payer très cher, lui rétorqua Jean II quand l'aïeul lui fit remarquer le goût précoce du cadet pour la tapisserie.

– Vous avez raison, répondit Louis Cressé sans s'émouvoir. Réfléchissez quand même au bonheur de Baptiste. Il me semble qu'il n'y a pas d'autre loi qui vaille pour un père. Et puis songez qu'il lui faudrait un précepteur, puisque vous jugez inutile de l'envoyer à l'école paroissiale. Je sais que vous n'aimez guère délier les cordons de votre bourse, ajouta-t-il, tandis que son gendre tripotait nerveusement les boutons de son éternel habit noir. Je me propose donc de subvenir moi-même à ces menus frais. L'un de mes voisins à la campagne est un ancien professeur d'humanités. Il se fera un plaisir de passer ici une fois par semaine pour enseigner à Baptiste les merveilles de la littérature antique.

Le père humilié bredouilla de vagues remerciements puis tourna les talons comme si le diable lui courait après.

Georges Pinel, que Louis Cressé venait de faire embaucher au pavillon des Singes, n'était pas un individu très recommandable. Célibataire endurci, il courtisait assidûment les bouteilles de champagne et occupait ses insomnies à traduire les drames épouvantables de Sénèque ou les comédies de Térence, cet esclave d'origine carthaginoise connu sous le nom de son maître qui l'avait affranchi.

On ne pouvait imaginer tournure plus étrange que celle du professeur. Il n'était pas très vieux mais il paraissait hors d'âge. Hirsute, vêtu d'habits élimés qui bouillonnaient de rubans multicolores, la tête couverte jusqu'aux sourcils d'une perruque de cheveux gris, le nez chaussé d'énormes lunettes rondes, il ressemblait à une chouette.

Tout l'insupportait dans ce monde moderne : le temps toujours instable, la soumission des femmes, l'arrogance des hommes, le bruit féroce des carrosses, le calme imbécile des champs, la crédulité des charbonniers, l'orgueil des libertins.

Les dernières découvertes des astronomes et des physiciens le plongeaient dans une perplexité rageuse.

Ainsi, la terre ne serait point plate, comme le croyaient les Anciens, mais elle aurait la forme d'une citrouille ?

En outre, non contente d'évoluer docilement autour d'une boule de feu infernale, elle s'amusait à tourner aussi sur elle-même ?

Davantage encore que ces billevesées, c'était le désordre qu'elles mettaient dans les esprits que Pinel condamnait.

Baptiste le connaissait déjà et il l'aimait beaucoup. Quelques dimanches, cet incurable misanthrope les avait emmenés au théâtre dans sa propre voiture, une carriole de paysan conduite par un couple de chevaux bais.

Le professeur nourrissait pour l'atmosphère orageuse de l'hôtel de Bourgogne une telle passion qu'il surmontait son horreur de la foule.

Ils étaient allés applaudir *La Mort d'Achille* d'Alexandre Hardy. Auteur de plus de 600 pièces, ne reculant devant aucun sujet, capable de traiter le plus banal des adultères avec autant de fougue que la vie d'un héros, c'était le plus fécond dramaturge du siècle avec l'Espagnol Lope de Vega.

A la sortie, ils s'attablèrent tous les trois dans une auberge de la rue Ticquetonne, *Au Cochon ravi*.

Tandis que Baptiste se gavait de gâteaux à la frangipane, Pinel déroula devant les yeux du petit garçon une tapisserie légendaire dont les couleurs d'aurore et les arrière-plans mystérieux ressemblaient aux toiles de l'atelier paternel.

– Achille était le fils de Pélée, roi de Thessalie, et de la reine Thésis, commença le professeur, après avoir vidé cul sec la moitié de sa chope. Dès sa naissance, sa mère le plongea dans les eaux du Styx pour le rendre invulnérable. Il le fut en effet, sauf au talon, car c'est par là que Thésis l'avait tenu. Très tôt, on lui donna pour maître le fameux centaure Chiron.

– Un centaure ? l'interrompit Baptiste.

– Oui, mon garçon. C'était un être monstrueux, moitié homme et moitié cheval. Chiron avait la physionomie d'un homme sage et l'on recherchait ses avis. Ainsi avait-il enseigné la médecine à Esculape.

– Nos Diafoirus d'aujourd'hui feraient bien de s'inspirer de ses leçons au lieu d'assassiner les gens ! s'exclama le grand-père en tapant violemment sur la table.

– Il a aussi inventé le premier calendrier grec, reprit le professeur. Les Argonautes s'en servirent pour conquérir la Toison d'or. Parmi ses élèves les plus connus figurait Hercule, qui devait plus tard le blesser sans le vouloir d'une de ses flèches empoisonnées. Pour le fortifier, Chiron fit manger au petit Achille de la moelle de lion, d'ours, de tigre. Il l'entraîna au fond des forêts, sur les plus hauts sommets de ce pays des dieux. Achille voyait la lumière du ciel effleurer la terre d'une empreinte légère comme celle d'une nymphe. Le centaure était fier de constater les progrès de son protégé dans l'étude des plantes et des étoiles. Les mois, les années passèrent ainsi, à constituer patiemment des herbiers magiques, apprivoiser les constellations, traverser nu les vallées fertiles, tirer à l'arc au soleil, boire aux sources fraîches qui jaillissaient des rocs, dormir dans une caverne obscure, réchauffé par le souffle des bêtes sauvages.

La voix de Georges Pinel racontant les courses d'Achille s'enflait comme une voile sous le vent.

Quatre militaires qui fumaient la pipe en jouant aux dominos sursautèrent dans son dos mais ils ne purent résister longtemps et, eux aussi, prêtèrent l'oreille au récit enflammé du professeur. En effet, cet homme à l'aspect ridicule réussissait par la parole à calmer sarcasmes et fous rires.

Baptiste l'écoutait bouche bée, ravi de voir s'animer soudain le centaure et l'enfant, les oliviers d'argent et le sourire de l'aube aux premiers jours du monde.

C'est ainsi que le petit garçon délaissa la Bible, avec ses rois furieux et ses prophètes illuminés, pour les prestiges de l'Antiquité grecque et romaine. Il apprit le latin avec la même facilité qu'il avait appris le français auprès de Marie et le patois champenois sur les genoux de Dorine.

En entrant chaque lundi dans la maison des Poquelin, le professeur mettait une sourdine à ses plaintes habituelles. Depuis qu'il donnait ses leçons à Baptiste, guetté de loin par l'œil soupçonneux de Jean II mais encouragé par Marie, il oubliait un peu le désert de sa vie.

Ce marginal aimait l'ordre et la propreté mais il était bien incapable de les faire régner chez lui, dans sa baraque de Saint-Ouen, interdite aux femmes et aux chiens.

« *Et cantharus et lanx/Ostendunt mihi me* », dit-il un jour à Baptiste qui traduisit docilement ces deux vers des *Épîtres* d'Horace :

« *Dans les plats et dans les verres/J'aime pouvoir me mirer.* »

Baptiste n'ajouta pas qu'il lui arrivait fréquemment de se regarder dans une assiette d'étain et que la face de lune aux lèvres boudeuses qui lui était renvoyée ne lui plaisait qu'à moitié.

Il attendait impatiemment de grandir.

La fugitive

Au début de 1632, la mère de Baptiste commença de devenir transparente. Sa peau de brune prit peu à peu les nuances de la gaze. Les veines y dessinèrent leurs lacets bleus avec une précision effrayante. Après chaque saignée, elles formaient une sombre boutonnière à l'intérieur du coude.

Durant trois mois, les médecins se succédèrent, ne quittant jamais leur chapeau en tuyau couleur de suie, destiné sans doute à mieux cacher des oreilles d'âne.

Dans un latin de cuisine, ils entonnaient des formules aussi vides que leur crâne. Leurs honoraires étant inversement proportionnels à leur criminelle incompétence, Jean fit appel à des herboristes qui soûlèrent Marie d'élixirs au fenouil sauvage et de potages aux orties.

Rien ne put endiguer la montée du mal. C'était une crue rouge qui submergeait la poitrine de la jeune femme et se répandait par la bouche en gerbes mousseuses.

Marie passait de longs après-dîners à regarder le ciel d'hiver, emmitouflée dans une houppelande qui la faisait paraître encore plus maigre et ne l'empêchait pas de frissonner.

Jean le cadet était allongé sur le lit, à ses pieds, aussi léger qu'un coussin de damas. Juché sur un escabeau dans la ruelle et s'appuyant au mur glacé, Baptiste serrait très fort la main de sa mère, comme si elle devait d'une minute à l'autre le quitter pour toujours.

De temps en temps, posant les doigts sur ce poignet de petite fille, il entendait la course folle du sang, irrégulière, capricieuse.

– Petite mère, vous ne vous en irez jamais, n'est-ce pas ?

– Oh non, mon chéri, je serai toujours avec toi, répondait-elle sans oser le regarder, ses beaux yeux tournés vers les écharpes mauves du crépuscule.

Ses joues creuses s'empourpraient brusquement. Un hoquet la secouait tout entière.

– Calmez-vous, petite mère, s'affolait Baptiste, tandis que Jean pleurait. Je ne dirai plus rien.

Elles étaient loin, les escapades sur le Pont-Neuf ou à l'Hôtel de Bourgogne ! Le petit garçon préférait à présent demeurer dans sa chambre, étudiant d'arrache-pied pour faire plaisir à sa mère. Les soirs où elle se sentait mieux, elle demandait que l'on conduise l'enfant de son cœur à son chevet.

– Mon bijou, faisons un échange, disait-elle en se forçant à sourire. Un chapitre de la Bible contre une *Géorgique* de Virgile !

Et pendant que la nuit collait son masque au carreau, dans la chambre où Baptiste était né dix ans plus tôt, montaient leurs voix alternées, chantant la gloire de Dieu et l'éternel retour des saisons.

La mère et le fils oubliaient un instant qu'il ne leur restait plus beaucoup de temps pour s'aimer, que bientôt tout serait consommé.

Louis Cressé était partagé entre une légitime colère contre les ruses du destin et la résignation de celui qui ne croit plus qu'à un monde illusoire où tout se vaut, où tout se mêle dans un furieux corps à corps.

Là, il ne s'agissait pas d'une mort de théâtre. C'était un départ réel, interminable, avec son cortège de terreurs, sa moisson de souffrances.

On appliqua des vessies de porc remplies de fiel sur la poitrine de Marie que la pleurésie dévorait, on augmenta le rythme des saignées.

Si le premier traitement lui apporta quelque soulagement, le second la plongea bientôt dans une faiblesse affreuse. Elle n'arrivait même plus à se tenir assise. Renversée en arrière, la tête inscrite dans l'écrin d'un gros oreiller de plume, elle geignait, bouche close, ainsi qu'on la voyait naguère prier à l'église.

Vers le milieu d'avril, cet état dégénéra en fièvre. Marie respirait de plus en plus mal. Son pouls se fit enragé, avec des résonances profondes, pareilles à des râles. L'un après l'autre, les muscles furent touchés. Sa langue était chargée, ses urines troubles. Son estomac s'enflamma. Elle suait tellement que Dorine devait la changer toutes les heures.

Quand on la bougeait, elle criait sans retenue, sans honte, comme elle l'avait fait en accouchant. Seulement, cette fois-ci, il ne s'agissait pas de donner la vie mais de passer dans l'autre monde.

A l'étage au-dessus, Jean II se bouchait les oreilles de ses paumes tremblantes. Il ne supportait pas d'entendre Marie souffrir pour rien, pour du néant et de la pourriture.

Lui, si assidu à l'office, si fier d'obéir en toutes circonstances aux décrets incompréhensibles de Dieu, le voilà qui se révoltait contre le destin.

L'habit noir dans lequel il se murait depuis si longtemps prenait soudain une funèbre nécessité. Ses comptes, sans cesse recommencés, lui paraissaient inutiles. C'était une succession de zéros qui finissaient par dessiner des larmes devant ses yeux brouillés.

La nuit du 11 mai 1632, Baptiste vit flotter sur le seuil de sa chambre une mince et longue forme blanche qui se déplaçait rapidement à la manière des feux follets.

Cette apparition lui donna des fourmis dans le corps. Il se dressa et tendit l'oreille. Seul lui parvenait de la pièce voisine le souffle régulier de son petit frère. Rassuré, il se rendormit, le cul en rond.

Au matin, Dorine en l'embrassant lui murmura que sa mère était morte. Elle ajouta, parmi ses sanglots, que la pauvre Marie était beaucoup mieux où elle se trouvait maintenant.

Baptiste se mordit les lèvres. Après avoir gardé quelque temps le silence, il demanda d'une voix inquiète :

– Pourrai-je la voir bientôt ?

– Ton père m'a chargée de te conduire jusqu'à elle, répondit Dorine.

Elle l'aida à s'habiller, le couvrant de baisers mouillés aux endroits où il frissonnait. Quand il eut passé son costume des dimanches en velours grenat, elle le prit par la main et le conduisit au bout de l'interminable couloir.

L'épaisse porte de chêne était entrebâillée sur des parfums d'encens. Il faisait sombre à cause des volets clos et des rideaux tirés. Sur le chandelier d'or à cinq branches, trois cierges s'obstinaient à survivre, jetant des lueurs de poussière.

Au pied du lit, abîmé en prières, se tenait Jean Poquelin.

A l'entrée de son fils aîné, il secoua la tête comme un homme qu'on dérange. Baptiste vit que ces yeux obscurs étaient secs, enfoncés dans leurs orbites, sous des sourcils à peine dessinés. Jean se leva d'un bond mécanique et l'attira contre lui. L'enfant sentit frémir la maigreur nerveuse de son père. C'était peut-être la seule façon de pleurer qui lui restait.

En silence, Dorine s'avança pour tirer complètement les baldaquins de serge.

Alors, Marie apparut, revêtue de sa robe de mariée. Ses paupières étaient gonflées, comme scellées par de la cire. Ses lèvres entrouvertes esquissaient un sourire de défi.

On aurait dit qu'au moment de mourir, la jeune femme avait été soulevée par une vague de fond, un mouvement terrible d'étonnement et de refus, et qu'elle continuait à faire face.

Après l'enterrement, Baptiste fut recueilli par son grand-père à Saint-Ouen pour y passer l'été.

Louis Cressé sciait du bois, restaurait les haies, faisait avancer la charrue, semait, taillait ses vignes avec une détermination farouche, comme s'il essayait d'épuiser son chagrin.

La campagne était splendide, traversée de rayons, bercée de chants d'oiseaux. Après le choc que Baptiste venait de subir, ce bain de chaleur mordorée était une bénédiction. A dix ans et demi, il était déjà robuste et d'une énergie sans repos. Quand il avait commencé quelque chose, il fallait qu'il aille jusqu'au bout, même s'il devait sauter un repas ou une heure de sommeil.

Chaque semaine, son cher professeur lui donnait sa leçon de latin, à laquelle s'ajoutèrent bientôt des cours d'histoire et de géographie.

Georges Pinel dépliait devant ses yeux rêveurs des cartes en lambeaux où figuraient des royaumes vaincus, des fleuves embourbés, des frontières soumises.

Baptiste voyait s'ébranler des armées de fantômes à la conquête d'une gloire plus forte que la mort.

Le soir, après un dîner frugal, composé d'une omelette au radis noir et d'une jatte de lait, il emportait au lit les *Vies des Hommes illustres* de Plutarque. Ces récits exemplaires le tenaient éveillé si tard que son grand-père était obligé d'aller souffler de force sa chandelle.

– Tu vas t'user les yeux ! grondait-il.

Baptiste entendait la porte se refermer sur l'obscurité tiède et faisait lentement son creux dans son matelas de seigle.

Le silence au-dehors était assourdissant. Le jeune garçon n'était pas habitué à cette densité du calme. Il y sentait rôder une menace. Le moindre crissement sur le chemin qui longeait la maison, le cri bref d'une poule faisane surprise par un renard ou le cocorico d'un coq insomniaque le terrorisaient. Son front se couvrait instantanément d'une sueur mortelle. Il ne bougeait plus, pareil à ces cafards qui essaient de s'incorporer à la muraille quand ils se sentent observés, demeurant ainsi parfois jusqu'aux premières lueurs de l'aube.

Toute la matinée, il vacillait sur ses jambes et ne dut qu'à sa volonté de ne pas faire trop mauvaise figure aux vendanges de septembre.

Au début du mois d'octobre, son grand-père lui dit en se mouchant :

– Hélas, mon petit, il faut que je te reconduise chez

toi. Vois-tu, je ne peux pas te garder toujours. Mais dès dimanche prochain, je passerai te chercher. Nous irons à l'hôtel du Marais voir jouer Mondory dans le Clitandre d'un certain Pierre Corneille. C'est un Normand de vingt-six ans qui promet.

Les yeux brillants, Baptiste monta en croupe sur Sarah. Juste avant de prendre la route, la jument secoua sa tête chenue et poussa un hennissement qui ressemblait au rire pincé d'une marquise. Voulait-elle saluer à sa façon le cercle des paysans qui s'était formé peu à peu autour d'eux ?

Jeunes et vieux rassemblés, ils lançaient en patois des « Au revoir » grands comme le bras.

Tout le temps du retour, Baptiste pensa qu'une saison de sa vie venait de prendre fin. Il était à la fois curieux de l'avenir et saisi d'une angoisse inconnue.

Catherine Fleurette

C'est au commencement du mois d'avril suivant que Baptiste vit pour la première fois Catherine Fleurette. Le printemps répandait partout des parfums enivrants qui donnaient la migraine.

Depuis quelque temps, Jean II arborait une mine bizarre, comme s'il se contenait pour ne pas éclater continuellement de rire. Lui d'ordinaire si lugubre avait la prunelle qui luisait. Portant toujours le deuil, il agrémentait néanmoins son habit noir de rubans de couleur. Ainsi accoutré, il ressemblait à un papillon de nuit.

Quand Baptiste entra dans le petit salon bleu, le soleil dansant à la fenêtre l'empêcha de voir devant lui. Il s'écarta de plusieurs pas et rouvrit les paupières.

Une jeune femme se tenait debout, appuyée à la table. La blouse et la jupe sombres qui l'engonçaient la faisaient paraître plus blonde encore. Avec ses cheveux fins, sa poitrine menue et ses hanches étroites, elle avait l'air d'un garçon. Ses yeux lui mangeaient le visage, étangs jumeaux couleur d'ardoise, hésitant entre le gris et le bleu. Ce jour-là, ils avaient des reflets candides de lilas.

Près d'elle, Jean II rayonnait de joie. Sans cesse, il tournait la tête de son côté, ne pouvant s'empêcher de la couver du regard. Après quelques minutes d'un silence gêné, il dit en fixant le sol :

– Mon cher enfant, voici Catherine Fleurette qui deviendra dès la semaine prochaine ta seconde maman. Il faudra être sage et patient avec elle.

Le temps d'un éclair, Catherine devint aussi pourpre que les roses des rideaux.

Baptiste ne bougeait pas. Il l'observait tranquillement, cherchant à deviner les pensées qu'abritait ce front d'ivoire.

Enfin, il s'approcha et déposa un baiser sec sur une joue qui fleurait la lavande. Elle se laissa faire sans réaction puis se redressa brusquement comme si une abeille l'avait piquée.

Baptiste sentit son cœur se briser. Sa future belle-mère lui jeta un coup d'œil, un seul. Alors il eut la certitude d'être pour elle un gêneur, un intrus, qui apporterait le désordre et la ruine si l'on n'y prenait garde.

A peine devenue madame Poquelin, Catherine entreprit de tout inspecter, de la cuisine aux écuries. Respirant délicieusement l'odeur entêtante du cuir, elle s'attardait à vérifier l'état des voitures. Il faut dire qu'elle était la fille d'un carrossier.

Plusieurs fois par jour, le linge et la vaisselle subirent ses investigations. Elle scruta le poli des meubles, la netteté des carreaux, refusant de laisser à Dorine la bride sur le cou.

Elle jalousait la servante à cause de sa longue familiarité avec les Poquelin. La brave Champenoise supportait ses incessantes visites avec des soupirs à fendre l'âme.

– Comme je regrette ta petite mère – que Notre-Seigneur l'ait en sa sainte garde ! – geignait-elle devant Baptiste. Je la vois encore au coin du feu, si belle, toujours un livre à la main. Elle au moins me laissait faire mon ménage !

Catherine ne savait pas lire. Toute chose écrite lui paraissait un grimoire. Des nausées la prenaient devant ces gribouillis infernaux. Elle se taisait souvent, comme une chatte qui boude. Quand elle parlait, sa voix était acide et flûtée. Elle possédait un vocabulaire limité à quelques formules usuelles.

Mais dans la colère, les mots lui venaient en foule et le jargon ordurier des bas-fonds se mêlait à la joliesse des refrains du faubourg Saint-Germain.

Dès le début, elle conçut une passion farouche pour le petit Nicolas qui avait sept ans. Elle l'emmenait partout, enveloppé dans ses jupes. Il ronronnait contre ses omoplates osseuses ou sur ses genoux aigus qui perçaient la soie grège.

A la mi-septembre, elle commença de porter des robes d'une ampleur prometteuse. Baptiste comprit que la famille s'agrandirait bientôt.

Sa demi-sœur Catherine-Espérance naquit le 5 mars 1634.

Dans sa parure d'accouchée, Mme Poquelin fit à son beau-fils un accueil plus aimable que d'habitude. Mais Baptiste prêta peu d'attention à ce changement. Il était tombé en amour devant le petit bout de chou qui s'accrochait au sein pendant de Catherine avec l'énergique avidité des chatons.

Son visage minuscule, dessiné par le pinceau des Grâces, offrait des roseurs exquises là où tant de nouveau-nés montraient boursouflures et rougeurs. Quand elle posa son regard encore aveugle sur lui, il s'aperçut que ses yeux étaient bleus comme l'horizon.

Depuis qu'il avait perdu sa mère et gagné une marâtre, Baptiste voyait toujours son grand-père mais celui-ci ne s'attardait plus au pavillon des Singes.

Louis Cressé n'avait pas pour Catherine une sympathie débordante, malgré les sourires mielleux qu'elle lui décochait. Il n'aimait que les cigales. Cette fourmi blonde l'irritait, affairée sans cesse à d'obscures besognes, palpant du drap toute la sainte journée dans la boutique, houspillant valets et cochers ou cherchant querelle à Dorine.

La seule qualité qu'il lui trouvait, c'est qu'elle rendait son gendre moins embarrassé de sa personne. Elle avait forcé Jean Poquelin à quitter son éternel habit de fossoyeur, à se vêtir comme le riche négociant qu'il était, à mettre du liant dans sa conversation et de l'onction dans ses manières.

Baptiste était déjà prêt quand son grand-père arrivait. Sarah étant à bout de souffle, Louis avait fait l'acquisition d'un hongre promis à l'abattoir. Cette bête amorphe à la robe de feu fut nommée Tête-Noire parce que son museau avait l'air d'un morceau de bois calciné.

De plus en plus souvent, Louis venait de sa campagne en carriole. Il était trop âgé pour galoper sur des chemins creusés d'ornières ou couverts de nids-de-poule. Une fois Baptiste installé à côté de lui, il giflait le gros derrière de Tête-Noire d'un coup de fouet léger comme une brise et l'aventure recommençait.

Un dimanche après-midi, il emmena son petit-fils applaudir, comme ils le faisaient depuis des années, Turlupin, Gaultier-Garguille et Gros-Guillaume.

Ce trio ne se produisait plus à l'Estrapade mais très officiellement à l'Hôtel de Bourgogne, sur ordre du cardinal de Richelieu qui fuyait au théâtre les soucis de l'État.

La salle était bondée. Louis et Baptiste eurent du mal à se frayer un chemin jusqu'à leur loge du premier étage. Le public debout au parterre trépignait, sifflait, jurait, crachait.

Dans la loge opposée, un individu entre deux âges s'installa. Il avait le maintien austère et grave d'un homme assuré de son importance.

– Avec un minois aussi gracieux, ce ne peut être qu'un magistrat ! maugréa le grand-père.

Enveloppé dans un manteau bleu nuit, ce spectateur privilégié était violemment éclairé par la lourde grappe de bougies qui pendait des cintres. Sa perruque blond cendré dévalait de son front jusqu'à ses épaules en ondulations océanes. Ses orbites larges et rondes, cerclées de noir, lui donnaient l'air d'un hibou ébloui.

Tandis que Baptiste le regardait en coin, un cataclysme s'abattit sur cette figure compassée. Venu d'on ne sait quelle révolte des nerfs, maintenus trop longtemps sous pression, une onde de choc obligea le magistrat à rester la bouche ouverte, comme s'il appelait muettement au secours. Ce tic épouvantable le faisait ressembler à l'un de ces passe-boules qu'on massacre à la foire.

Puis aussi vite qu'elle était venue, la grimace s'effaça.

Dès qu'il fut entré en scène, Gros-Guillaume apparut fatigué, sans entrain, sans ressort. Seul, il suscitait un malaise plus fort qu'entouré de ses deux comparses. Ficelé dans une chemise blanche de lavandière, son ventre ressemblait à celui d'une femme enceinte de six mois.

Pour ouvrir le spectacle, il débita une ou deux histoires sans paroles, ponctuées de couinements de souris prise au piège. Mais le public semblait s'ennuyer ferme.

A la recherche d'une inspiration divine, Gros-Guillaume leva la tête et rencontra par hasard la loge du magistrat. Manque de chance, juste à ce moment-là, le tic revint transformer l'auxiliaire de justice en gargouille.

Alors l'acteur commit l'irréparable. Après avoir attentivement observé son modèle, il s'avisa de reproduire l'horrible mimique, écartant les lèvres sur une gorge obscure comme un gouffre, les distendant jusqu'au vertige.

A cette vue, les spectateurs se dégelèrent d'un coup, soulevés tous ensemble par une marée hurlante où les ricanements ressemblaient à des plaintes.

Le digne personnage ne mit pas longtemps à comprendre qu'il était le dindon de la farce.

Pour constater l'étendue de l'offense, il se pencha par-dessus le rebord de sa loge, si bien que sa perruque tomba aux pieds de Gros-Guillaume dans un grand nuage de poussière, démasquant un crâne ovale au duvet gris.

Avec un cri de rage, l'offensé apostropha les gardes qui veillaient aux portes du théâtre :

– Arrêtez cet homme ! leur ordonna-t-il d'un ton sans réplique.

Turlupin et Gaultier-Garguille qui attendaient dans les coulisses se glissèrent vers la sortie par une porte dérobée. Leur fuite montrait assez qu'ils jugeaient la situation désespérée. En effet, mieux informés que leur compère, ils avaient reconnu le fameux procureur Duchâtelet.

Les gardes saisirent Gros-Guillaume par le collet et l'embarquèrent sans ménagement sous les yeux terrifiés de Baptiste. Le spectacle fut annulé sur l'heure, la salle évacuée.

Dans la rue, avant de remonter en voiture, Louis exprima son indignation en tapant frénétiquement le sol :

– Palsambleu, mon garçon, voilà de quelle manière on traite les saltimbanques de nos jours ! La lèpre du sérieux pourrit tout. On n'ose plus rire des gens de loi. Le pouvoir de juger, qui devrait n'appartenir qu'à Dieu, ne leur suffit pas. Ils veulent en outre qu'on les encense. Crois-moi, Baptiste, tiens-toi toujours à l'écart de cette espèce !

Dans le langage des maçons, un guillaume est un rabot qui sert à faire des rainures, des moulures. La provocation de l'énorme enfariné et ses conséquences laissèrent des traces de ce genre dans la mémoire de Baptiste.

Bientôt, les gazettes publièrent que le comédien était mort de saisissement dans sa prison et que les autres membres de cette trinité bouffonne l'avaient suivi de près dans le trépas.

A la lumière de ce brutal fait-divers, n'est-il pas naturel que Baptiste ait toujours refusé d'inclure le moindre magistrat dans ses pièces ?

Vers cette époque, la brusque défection de son professeur le frappa de plein fouet.

Entre son amour pour la scène et sa dévotion pour le latin, Georges Pinel avait fini par choisir.

– Que veux-tu, soupira-t-il, lors de sa dernière leçon

donnée sur un bout de table à l'office, je suis toujours passé à côté de ma chance. L'heure est venue de la saisir.

– Comment ferai-je si vous m'abandonnez ? s'exclama Baptiste. J'ai tant de choses encore à apprendre ! Si je cesse d'étudier, je serai plus démuni qu'un vulgaire tapissier sans ses cartons.

– Tu as raison, répondit Pinel. Mais pour toi, mon cher enfant, je n'y peux plus suffire.

Contrefaisant la voix chevrotante d'une tireuse de cartes, il ajouta :

– Je sais qu'au moment voulu par les dieux nous nous retrouverons.

Les yeux du jeune homme s'embuèrent :

– Hélas, combien de temps devrai-je attendre encore ?

– Celui que Jupiter voudra, murmura le professeur.

Puis, après avoir administré à son élève une tendre bourrade, il s'éloigna à grandes enjambées dans la cour.

Jean Poquelin aimait sa seconde épouse avec autant de flamme qu'à la veille de leurs noces. Cela se voyait comme le soleil en plein jour. Depuis trois printemps, il effeuillait cette marguerite sauvage et le mot qui lui venait aux lèvres était toujours « passionnément ».

En juin 1636, la belle-mère de Baptiste revêtit les amples jupes qui proclamaient sa nouvelle grossesse. Mais l'annonce de ce bonheur s'accompagnait en sourdine d'un sombre pressentiment. A vingt-sept ans déjà, Catherine Fleurette paraissait fanée. Le contraste entre sa maigreur pâle et son ventre proéminent lui donnait une allure inquiétante.

On la voyait moins assidue à la cuisine, aux écuries. Elle ne rêvait plus de reprendre à Dorine les clés de son royaume, ayant compris que son mari lui céderait sur beaucoup de choses sauf sur le sort de la servante. La solide Champenoise accompagnait le maître de maison depuis si longtemps ! Elle seule savait le distraire de ses soucis professionnels, le décharger des embarras domestiques auxquels il n'avait jamais pu s'habituer.

Sa femme étant trop faible pour tenir la boutique, Jean Poquelin chargea son fils aîné de s'en occuper. Cette marque de confiance aurait dû réchauffer le cœur du jeune homme. Au lieu de cela, Baptiste n'éprouvait que du dégoût pour la charge qui l'attendait. Toutes ces journées gâchées derrière un comptoir ressemblaient à des punitions éternelles.

Même ses visites aux ateliers ne parvenaient pas à le distraire. Les apprentis lui jetaient des œillades sournoises. Personne ne lui adressait la parole. Il s'asseyait sur une chaise et regardait avec mélancolie fonctionner les métiers de haute lisse.

C'étaient de belles machines qui l'avaient toujours impressionné. Composées d'un bâti et de deux rouleaux appelés ensouples, elles accomplissaient implacablement leur tâche. Dans les intervalles durant lesquels les nappes des fils tendus se soulevaient, la navette était lancée, le tissage pouvait commencer. Il durait des heures. Sous les voûtes de verre, cela sonnait comme une symphonie de violons désaccordés et de tambours crevés.

Des frissons se mettaient à courir le long de son échine. La nuit, il avait encore dans les oreilles cette houle inlassable qui se confondait avec le bruit de son souffle.

Sa seule consolation, c'était de voir quand il rentrait la petite Catherine-Espérance courir vers lui avec des halètements de chiot, ses bras nus tendus à l'éperdue, de la sentir se frotter à son habit en murmurant son nom, qu'elle abrégeait drôlement :

– Tiste... Tiste... ânonnait-elle en avançant hardiment une jambe après l'autre.

On aurait dit l'une de ces poupées articulées qu'on rencontre aux devantures des magasins de jouets. Les moments qu'il passait près d'elle lui semblaient toujours trop brefs.

C'étaient des clairières miraculeuses dans le triste paysage de sa vie.

A la fin du mois d'octobre suivant, à peine revenu de l'Hôtel du Marais, Baptiste courut se pencher au-dessus du puits de la cour. Le front posé contre le petit toit pointu en tuiles rouges et les mains plaquées sur la margelle, il s'enivra de la fraîcheur qui montait des eaux noires.

Soudain des gémissements lui échappèrent. On aurait dit les cris d'un louveteau blessé.

Aussi vite que ses pauvres jambes le lui permettaient, Louis Cressé se précipita au secours de son petit-fils :

– Hé, mon Dieu, qu'est-ce qui t'arrive ? demanda-t-il d'une voix blanchie par l'angoisse.

Ses doigts que la goutte avait déformés s'accrochaient aux basques de Baptiste.

Mais celui-ci continuait de se plaindre, comme s'il essayait de vomir son âme. Ses tempes étaient prises dans un étau glacé. Il n'avait plus de souffle, les larmes dégringolaient en cascades sur ses joues. Ses vieilles terreurs revenaient le saisir. Et le pire, c'est qu'elles n'avaient ni visage ni voix. C'étaient des ombres vagues, des spectres affamés qui faisaient la ronde autour de lui.

Les fenêtres du pavillon s'ouvrirent à la volée.

– Qui pleure en bas ? demanda Jean Poquelin, excédé.

– Votre fils ! hurla le grand-père en tordant sa barbiche.

– Je descends.

Bientôt son pas lourd, embarrassé, résonna sur les dalles. Tandis que Baptiste, appuyé à la muraille du puits, respirait violemment, Jean se tourna vers le vieux Cressé :

– J'aimerais bien savoir à quel terrifiant spectacle vous avez encore traîné ce pauvre garçon !

– A la *Marianne* de Tristan L'Hermite. Il est vrai que c'est l'histoire d'un amour furieux et d'un sacrifice injuste. Mais quand nous sommes sortis de la salle,

Baptiste était enchanté. Il m'a même récité plusieurs vers de la pièce.

– *Je trouve que mon sang coule parmi les fleurs*, articula Baptiste qui s'était redressé.

– Allons, s'écria son grand-père, cela va mieux !

– *La rose de sa bouche est pour toujours fermée*, continua Baptiste sur un ton d'extase.

– Eh bien, voilà qui est fort gai ! grommela Jean Poquelin. Dois-tu m'abreuver longtemps d'alexandrins sonores ?

– Qui sont parmi les plus beaux qu'on puisse entendre au théâtre, corrigea Louis Cressé.

– Mon fils, il faut parler ! ordonna Jean. J'avoue ne point déceler la cause de ce chagrin retentissant. N'es-tu pas heureux parmi nous, près de tes frères et de tes sœurs. Dans quelques jours, tu vas prêter le serment solennel de survivancier à la charge de tapissier du roi. N'est-ce pas un honneur suffisant ?

– Pardonnez-moi, mon père, c'est comme si vous m'annonciez mon embarquement sur une galère.

– Une galère ? C'est bien de l'insolence !

– Je n'y peux rien. J'essaie, je vous l'assure. Mais j'ai l'impression de ramer sur une mer trop calme vers un horizon trop familier.

– Encore une de tes belles formules pour noyer le poisson !

– Puis-je vous proposer un arrangement ? dit Baptiste comme s'il s'adressait à un client colérique.

Depuis le début de la conversation, l'immobilité donnait à son père l'aspect d'une statue coulée dans le marbre. Si bien que lorsqu'il hocha la tête, le jeune homme sentit un frisson de surprise le parcourir.

– Faites-moi étudier et je jure de vous succéder, quoi qu'il m'en coûte.

Son père garda le silence. Le soleil roux de l'été indien éclairait de plein fouet son front qui se dégarnissait. Jean Poquelin hocha de nouveau la tête puis il dit :

– Tu sais ce qui attend les parjures ?

– Oui, mon père.

Jean hésitait toujours. Il se tourna vers Louis Cressé, assis au bord du puits :

– Qu'en pensez-vous ? Puis-je lui faire confiance ?

Le vieux secoua la chaîne à laquelle il s'agrippait. Elle fit un bruit sinistre et grêle qui ressemblait au rire d'un fou.

– Je pense, mon gendre, que vous devez vous hâter d'inscrire Baptiste au collège de Clermont. C'est le meilleur de Paris. Songez que les familles les plus en vue du royaume, comme celle des Condé, envoient là-bas leurs enfants. Vous ne pouvez gagner qu'un surcroît de considération dans l'affaire.

Ce dernier argument fit mouche. Jean se rendit aux raisons du grand-père, bien qu'au fond de lui-même il les trouvât fort peu raisonnables.

Posant les mains sur les épaules de son fils, il prononça ces mots qui devaient résonner longtemps dans la mémoire du futur Molière :

– N'oublie pas, Baptiste. Personne ne peut échapper au destin que Dieu lui a fixé.

Deux semaines plus tard, Catherine Fleurette accouchait prématurément d'un enfant mort du sexe féminin.

A peine délivrée de ce triste fardeau, elle devint la proie d'une fièvre aussi soudaine et dévorante qu'un brasier. Elle se consuma trois jours dans un délire ardent avant de rendre le dernier soupir.

Le chagrin de Jean Poquelin fut effrayant. Il ne demeurait pas, les yeux secs, en prière au pied du lit comme Baptiste l'avait vu lors de son premier veuvage. Il s'arrachait les cheveux, se labourait les joues, poussait des geignements d'enfant perdu, sans honte, sans pudeur.

La douleur hissait ce bourgeois raisonnable et tranquille au-dessus de sa médiocre condition. Tous ses repères s'étaient dissous dans une brume de sang. Jamais plus Catherine ne se coucherait entre ses bras comme une renarde apprivoisée, jamais plus il ne se coulerait dans sa chaleur, ne subirait sa tendre discipline !

Devant la disparition de sa belle-mère, Baptiste éprouva le sentiment de gâchis qui accompagne toute fin prématurée, celui aussi d'une ironie du destin.

Pourquoi s'évertuer à mettre de l'ordre dans ce monde puisque le moindre souffle abat nos constructions comme des châteaux de cartes ?

Il regardait cet homme s'enfoncer dans les sables mouvants du désespoir. Comment agir avec quelqu'un que rien ne semble devoir consoler ?

Il suivit le convoi en tenant par la main Catherine-Espérance. Le petit Nicolas se tamponnait les paupières avec un mouchoir tissé à l'aiguille tandis que, juste derrière la voiture drapée d'un voile noir aux larmes d'argent, leur père titubait comme un ivrogne à la sortie du cabaret.

Le maître des sens

Situé au 123 de la rue Saint-Jacques, le collège de Clermont avait très peu changé depuis sa création en 1561. Quatre bâtiments charbonneux comme des repaires de corbeaux encadraient une cour semée de graviers. Les salles de classe ressemblaient à des cavernes. Les murs jaunâtres suintaient d'humidité. De hautes fenêtres laissaient passer une lumière uniformément grise.

La chambrée des grands était une immense salle, plus longue que large, traversée par une allée centrale et divisée de chaque côté en petites alcôves. Chacune d'elles était meublée d'un lit, d'une table de travail, d'un coffre et de deux chaises.

Le premier soir, avant de se coucher, Baptiste posa un livre de son cher Horace à son chevet puis il se glissa dans les draps glacés. Il éprouvait un sentiment d'abandon total. Tous ces garçons qui l'entouraient, fils de riches bourgeois ou de paysans parvenus, eux aussi on les avait arrachés à leur milieu d'origine pour les plonger dans ces ténèbres !

Les enfants de la noblesse étaient installés ailleurs. Ainsi le prince de Conti, cousin du roi, disposait-il d'une chambre particulière. Baptiste l'avait vu à son arrivée à Clermont, escorté par des laquais en livrée, sûr de son importance malgré ses sept ans, une moue dédaigneuse accrochée à sa face noiraude et grassouillette.

On éteignit les flambeaux. A la place de leurs lueurs poussiéreuses, il n'y eut plus que la lumière nue de la lune. Baigné par ces rayons de lait, Baptiste sentit peu à peu le sommeil le gagner, tandis que le père Juste, qui cumulait les fonctions de préfet des études et de professeur de latin, arpentait mécaniquement la travée.

En quelques semaines, Baptiste s'acclimata à cet enfer mélancolique. C'était une sorte de couvent dont la règle inflexible ne l'effrayait pas mais le tranquillisait au contraire. Il en avait besoin pour se distraire du malheur. Une même loi gardait les portes du collège et celles de son cœur.

Grâce au bon Georges Pinel, l'enseignement des jésuites ne le dépaysait pas non plus. En effet, contrairement à leurs rivaux de l'Oratoire, les disciples d'Ignace de Loyola n'hésitaient pas à utiliser l'antiquité païenne. Les fables des Grecs et des Latins leur paraissaient détenir des vérités symboliques. L'enfant

Cupidon, par exemple, n'était-il pas une image convaincante de l'amour divin ?

Les bons pères proclamaient qu'il fallait aimer Dieu, l'État, et se soumettre au devoir social. Ils faisaient confiance à la raison et à la volonté de chacun pour atteindre les vertus essentielles. Ils parlaient de Jésus comme d'un tendre frère. Ils exaltaient le plaisir de la sérénité, la jouissance du calme.

Seul de tous les enseignants du collège, le père Juste donnait une image différente de la foi. Alors que les autres avaient l'air de cultiver à merveille leur liberté intérieure, lui semblait crucifié par un tourment secret.

En classe, Baptiste se montra aussitôt un excellent sujet. Si bon, même, que le père Juste prit l'habitude de l'interroger quand surgissaient des difficultés inédites.

– Je vous félicite, monsieur Poquelin, lui dit le jésuite, après une explication de Virgile qui avait fait applaudir spontanément la classe tout entière.

– Mais les prouesses de votre camarade, lança-t-il aux autres, ne vous autorisent pas à faire du chahut !

Au premier rang, un garçon n'avait pas réagi. Il regardait Baptiste d'un air incrédule. Se tournant vers lui, le père Juste lui lança avec une sorte de joie cruelle :

– Eh bien, monsieur Bernier, on dirait que vous avez un sérieux concurrent !

Le jeune homme haussa ses larges épaules sans répondre. C'était un Angevin de dix-sept ans, trapu et court sur pattes. Il avait des dents de perle, des cheveux noirs bouclés et le hâle éternel d'un ange laboureur.

A la récréation du soir, il ne cessa de couver le nouveau d'un œil sombre. Baptiste soutint ce regard, non par insolence ou par défi mais par simple curiosité.

Tandis que le père Juste était absorbé par son bréviaire, Bernier s'approcha de Baptiste en se dandinant :

– Voyons voir si tu es meilleur que moi à la lutte. Après les exercices de l'esprit, ceux du corps...

Sans crier gare, il se jeta sur Baptiste. Cet assaut d'une violence concentrée, presque au ralenti, n'éveilla pas l'attention du préfet. Et les autres garçons étaient trop occupés à se disputer une balle de chiffon pour prêter la moindre attention à ce pugilat virtuel.

Bernier s'appuyait de tout son poids sur Baptiste, l'obligeant à plier en arrière. C'était le chêne victorieux du roseau. Enfin, l'agresseur desserra son étreinte et lâcha entre ses dents :

– Cela suffit, cette fois ! Prépare-toi pour la prochaine.

Des prochaines fois, il y en eut beaucoup durant cette année 1637. Dès que le père Juste avait le dos tourné, ils se jetaient l'un sur l'autre. Bernier était le plus enragé à en découdre.

Les premiers combats tournèrent à l'avantage de l'ancien. Mais au bout de quelques raclées reçues sans se plaindre, Baptiste se résolut à forcer sa nature pacifique et décida de répondre à cette fureur par les mêmes arguments. Alors que son adversaire avançait à découvert, il lui asséna un crochet à décorner un bœuf puis, sans reprendre haleine, se mit à lui labourer méthodiquement les flancs.

Bernier recula en soufflant, plié en deux, et se laissa tomber sur le sol. La bouche crispée dans un rictus de surprise, il secoua la tête de haut en bas, à la manière d'un cheval qui encense, éclata d'un rire énorme et tendit la main à son vainqueur :

– Aide-moi à me relever, dit-il.

Quand il fut debout, il s'écria :

– Eh bien, vrai, tu n'es pas un chapon ! Soyons amis, veux-tu ?

– Oui, répondit simplement Baptiste qui se tenait en retrait, rouge et décoiffé comme un coq de bruyère.

A partir de ce jour, ils ne se quittèrent plus. Ils écrivirent ensemble la comptine des onze P :

Peines, peurs, punitions, prison, pauvreté, petites portions, poux, puces, punaises, privations.

C'était si simple, si amusant à scander en tapant sur un pupitre ou en heurtant frénétiquement le gravier de la cour, que les collégiens de Clermont l'entonnaient à tout propos comme un chant de guerre, un hymne de vengeance.

Quelque temps plus tard, pendant une récréation, Bernier prit Baptiste par le bras et l'entraîna loin du père Juste, planté comme un épouvantail au milieu de la cour.

– Méfions-nous de cette peau de vache déguisée en apôtre, il voit le mal partout, grommela Bernier.

Ils s'installèrent dans un renforcement du mur, propice aux conciliabules.

– Baptiste, je veux te parler d'un garçon qui est un frère pour moi. Il s'appelle Claude-Emmanuel Luillier mais on le surnomme Chapelle. Son père est mon correspondant à Paris.

– Chapelle ? s'exclama Baptiste. Quel drôle de nom !

– C'est celui du village où il est né, reprit Bernier dans un chuchotement d'effraie. Monsieur Luillier est maître des comptes et vit dans un superbe hôtel de la place Royale. Il consacre l'essentiel de son temps et de sa fortune à ce fils de hasard. Chapelle a treize ans mais il est aussi rusé qu'un vieux renard malgré son âge. Il sait parler aux reptiles, aux corbeaux, aux cloportes. S'il vivait ici, je suis sûr qu'il changerait nos satanées punaises en coccinelles ! Quant à nos jésuites, aucun d'eux n'arrive à la cheville du précepteur de Chapelle, Pierre Gassendi. Ce savant est aussi mon maître. Après avoir vécu chez les frères Dupuy, il loge à présent chez monsieur Luillier. Chaque fois que je le peux, je lui rends quelques services. Chapelle et moi, nous lui devons les plus belles heures de notre jeunesse. Apprendre en sa compagnie est un jeu, une promenade, un songe.

– Si je comprends bien, ce Gassendi est votre centaure Chiron ?

– Il goûterait beaucoup la comparaison. Mais, moi, je suis infiniment plus loin d'Achille que Chapelle. D'ailleurs, je préférerais ressembler à Jason, partir à l'aventure pour des pays dorés.

La cloche sonna la fin de la récréation et les deux garçons, en traînant les pieds, regagnèrent les rangs.

Baptiste avait hâte d'entrer dans l'univers dont son ami lui avait fait miroiter les merveilles. Il rêvait d'une harmonie sublime qui relierait l'avenir au passé dans un accord non seulement parfait mais nécessaire.

Après la mort de sa femme, Jean Poquelin avait quitté le pavillon des Singes pour s'installer dans une nouvelle maison sise sous les piliers des Halles, juste à côté du Pont-Neuf.

Quatre enfants lui restaient à charge. Le tapissier éprouvait sur le tard le poids de la paternité, les attentions que celle-ci réclame. Il en découvrait aussi les joies. Si bien qu'il n'avait plus le désir de se marier.

Le grand-père Cressé venait plus souvent. Il habitait l'entresol, demeurant parfois chez son gendre plusieurs semaines d'affilée. Sa vieille carcasse ne supportait plus les gelées des matins à la campagne. Les clairons enroués des coqs le rendaient fou. En outre, son médecin lui interdisait de boire la piquette de ses vignes dont il était si fier.

Dorine tenait le ménage avec une énergie intacte malgré les courbatures de l'âge. Quand Baptiste arrivait, elle sortait du four une belle tarte aux pommes. Dès la première bouchée, l'écolier sentait s'évanouir le goût cendreux des gâteaux du collège.

L'attitude de son père à son égard avait changé. Il s'inquiétait de ses conditions de vie à Clermont, l'interrogeait sur ses professeurs et ses amis, d'un ton intimidé, presque respectueux. Était-ce parce que cet adolescent de quinze ans avait l'air d'un homme, avec son visage plein et coloré, orné d'un duvet blond sur la lèvre supérieure ? Une guerre ouverte les avait opposés durant si longtemps que l'adolescent était heureux de ces moments de trêve.

Puis il courait s'occuper de sa petite sœur.

– Tiste, reste avec moi ! implorait-elle, une fois couchée dans son lit à colonnes trop grand pour ses trois ans.

Elle portait un bonnet de dentelle qui enchâssait son visage de miniature Renaissance. Une main glissée entre les siennes, Baptiste la veillait longtemps.

Dehors, les cinq mille lanternes de la capitale jetaient leurs clartés fumeuses dans l'épaisseur des ténèbres. Les vagabonds, les exclus, les réprouvés commençaient à prendre possession de ce monde obscur. Ils émergeaient des brouillards de la Seine ou du cimetière des Innocents tout proche, créatures venues du royaume des morts pour hanter les vivants.

C'étaient des heures dangereuses. Il valait mieux ne pas s'aventurer sur le Pont-Neuf, dépouillé tout à coup de ses parures et de ses fêtes. Les quais surtout faisaient peur. La police poussait rarement ses rondes jusque-là.

« Que le ciel te protège de la méchanceté des hommes ! » priait Baptiste.

Catherine-Espérance souriait aux anges. En la regardant dormir, Baptiste se croyait au paradis. Dieu lui-même n'avait-il pas été un enfant ?

Au printemps de 1638, Baptiste fut invité dans l'hôtel particulier de monsieur Luillier, place Royale.

Le père de Chapelle était un homme de petite taille, gras et rose, prompt à la plaisanterie comme aux larmes. Entre ces deux extrêmes, il menait assez bien sa barque.

Ses mains potelées s'agitaient sans cesse, effleurant l'interlocuteur dans le feu de la conversation. Son nez en bec d'aigle formait un saisissant contraste avec ses bajoues simiesques et ses yeux étaient noirs comme les graines du caféier dont l'infusion faisait fureur.

Il reçut l'invité de son fils avec beaucoup d'égards, l'interrogea sur ce qu'il aimerait faire plus tard.

– Me consacrer tout entier au théâtre, répondit Baptiste en rougissant. Il n'est pas de plus belle destinée.

– Voulez-vous devenir auteur ou bien acteur ? demanda le magistrat.

– Les deux ensemble, dit Baptiste fièrement, si cela me permet de mieux servir le public.

– Le public ! s'exclama monsieur Luillier. Quel est cet animal étrange, à quoi ressemble-t-il ? Les meilleurs écrivains de ce temps n'ont souvent récolté qu'un assourdissant silence. Aujourd'hui, le succès est une affaire de clans qui s'affrontent pour la plus faible tragédie, le plus méchant sonnet, quand ça n'est pas pour une syllabe ! Ainsi entend-on railler le mot *car*, alors que nos rois n'ont cessé de l'utiliser dans leurs traités et dans leurs lois. On le trouve trop ancien, trop gothique. Il me paraît, à moi, très commode. Si nous laissions faire nos puristes, la langue française deviendrait un désert. Asseyez-vous commodément, jeune homme, je vais avertir mon fils.

Dès que monsieur Luillier fut parti, Baptiste observa le décor qui l'entourait avec le regard d'un connaisseur. Il avait suffisamment palpé d'étoffes, observé de trames, ajusté de lisérés, examiné de rideaux pour avoir acquis le goût des belles choses et la capacité de les évaluer au premier coup d'œil.

Les appartements de son hôte dépassaient en magnificence tout ce qu'il avait jamais vu. Des Verdures à la façon des Flandres, avec du bétail et des petits personnages dans des bordures de roses, de tulipes, d'iris et d'anémones, côtoyaient de majestueuses scènes à l'antique.

L'une de ces fresques occupait un mur entier. Elle représentait des soldats nus assaillant des femmes échevelées. Baptiste qui connaissait par cœur son histoire romaine reconnut *L'Enlèvement des Sabines*. Les couleurs éteintes de cette tapisserie, et surtout l'absence totale de rouge, prouvaient assez qu'elle provenait de la Marche-Aubusson ou Felletin.

D'autres panneaux retraçaient des épisodes contemporains, comme le couronnement d'Henri IV. Le précédent souverain semblait avoir les faveurs du propriétaire puisqu'on rencontrait partout son effigie bonasse.

Brusquement, un grand échalas surgit d'une alcôve que dissimulait un paravent de soie, orné de pommiers neigeux :

– Ainsi, c'est vous ce Baptiste dont Bernier n'a cessé de me chanter les louanges. Que je suis heureux de vous voir ! s'écria-t-il. Vous n'êtes pas resté seul trop longtemps, j'espère ?

– La solitude ne me gêne pas, répondit Baptiste. J'ai eu ainsi le loisir d'admirer le décor où vous vivez.

– Vous n'avez pas tout vu, venez !

Bernier se trouvait déjà dans la chambre de Chapelle, adossé à la bibliothèque en chêne massif qui s'élevait jusqu'au plafond. Il n'avait plus son air sombre et têtu de paysan exilé. Le soleil caressait lentement les vitrines, les tissant de flamme et d'or. Il y avait là des centaines d'ouvrages reliés en chagrin, ce cuir grenu fait de peau de mouton, de chèvre et d'âne. Un lit clos trônait dans un coin. Deux fenêtres ovales, percées en œils-de-bœuf, donnaient sur l'animation de la rue. Disposés devant une étroite cheminée de marbre, quatre fauteuils revêtus de lin bleu pervenche entouraient un guéridon, table ronde pourvue d'un seul pied dont le nom venait d'un personnage de farce et qui était couvert de livres en équilibre.

Chapelle leur demanda des nouvelles du collège.

– Mon père pense que je serai triste à Clermont mais il se trompe. Je n'aimerais rien tant que d'être avec vous là-bas. Quel trio nous ferions !

Il tira de la poche de son habit un petit volume fauve et commença de lire. Un air de gourmandise effrénée rayonnait sur ce visage d'enfant trop vite grandi, ses lèvres remuaient doucement : *J'ai choisi loin de votre empire/Un vieux désert où des serpents/Boivent les pleurs que je répands/Et soufflent l'air que je respire.*

Bernier l'interrompit :

– Encore ces vers barbares !

Se tournant vers Baptiste, il précisa :

– Théophile de Viau est un Orphée vénéneux que monsieur Luillier a connu et qui a bien failli être brûlé.

– Évidemment, plaisanta Chapelle, toi, tu préfères les grâces d'Honoré d'Urfé, dont le secrétaire Baro a terminé l'interminable *Astrée.*

– Je l'avoue. J'ai relu trois fois ce fleuve de cinq mille pages. C'est un roman pastoral et militaire qui illustre les effets de l'honnête amitié. L'un des personnages, le vieux druide Adamas, dit qu'un grand courage maîtrise toutes sortes de passions. Je me propose de le prouver un jour.

Un valet leur apporta bientôt du chocolat fumant. Tandis qu'il débarrassait le guéridon pour installer les tasses de terre vernie, un grand in-quarto lui échappa et tomba lourdement sur le sol. Baptiste s'empressa de le ramasser. Plus que le titre, *Polyxandre*, c'est le patronyme de l'auteur qui le retint :

– Molière d'Essertine, murmura-t-il, cela sonne à merveille. Qui est-ce ?

– Il est mort en 1624, assassiné d'une façon mystérieuse, dit Chapelle. A trente ans, il avait déjà vécu plusieurs existences. Je trouve curieux que ce livre oublié sur une pile se rappelle ainsi à mon souvenir.

– Molière, j'aime vraiment beaucoup ce nom, insista

Baptiste. Il possède une musique à la fois douce et têtue, pareille au lierre qui s'amollit contre les murs tout en les rongeant sans pitié.

Chapelle interrompit sa rêverie :

– Finissons vite de goûter, Bernier doit nous emmener chez monsieur Gassendi. En effet, mon précepteur ne peut rien faire sans lui.

– Je sais, plaisanta Baptiste. Il lui reprise même ses bas.

– Le cher homme est si distrait ! soupira Bernier. Dépêche-toi de finir ta tartine de confiture !

Par de longs couloirs, ils gagnèrent l'aile droite de l'Hôtel où le maître logeait. Rien ne respirait le luxe dans cette grande pièce froide. Des figures d'hommes aux barbes de fleuve et d'immenses cartes du ciel, éclaboussées de taches blanches pareilles à des gerbes de lait, étaient épinglées aux murs.

Assis derrière la table de ferme qui lui servait de bureau, Gassendi souriait.

Il avait environ quarante ans. Une calotte de soie mauve surmontait son front large, laissant dépasser une frange de cheveux rares et très bruns. Ses yeux incroyablement éloignés l'un de l'autre étaient verts et dorés comme ceux des chats d'Europe. Il arborait des moustaches fournies et sa barbe en trapèze ombrageait un collet de batiste. Une houppelande de fourrure l'enveloppait tout entier, rehaussée d'hermine aux manches et sur la poitrine.

Gassendi dégageait une énergie suave, une ironie

mêlée d'une bienveillance infinie. Il posa sur Baptiste un regard qui pétillait.

– Soyez le bienvenu, monsieur. J'ai entendu dire beaucoup de bien de vous.

Baptiste rougit. Il était intimidé comme s'il s'agissait d'un rendez-vous d'amour et fixait obstinément les portraits devant lui.

– Peut-être ne les reconnaissez-vous pas ? dit le maître. Les deux premiers sont mes modèles antiques. Je les ai choisis entre tous, voici déjà longtemps. A gauche, le Thrace Démocrite qui avait une conception de la vie fondée sur le comique. Au centre, son disciple Épicure. Savez-vous comment il a commencé sa carrière ? Bernier, Chapelle, ne soufflez pas ! Eh bien, il aidait sa mère Cherestrata à exorciser les lutins. Sa doctrine morale tient en peu de mots : Il n'y a pas de plaisir sans vertu. La gravure de droite représente le chevalier romain Lucrèce. Il a vécu les derniers soubresauts de la république, se tenant soigneusement à l'écart des luttes pour le pouvoir de Marius et de Sylla, puis de César et de Pompée. Sa fin est mystérieuse. On murmure que son suicide, à l'âge de quarante-trois ans, serait dû à l'absorption d'un philtre d'amour. Je vous prêterai son *De natura rerum*, dont Cicéron fut l'éditeur. Il s'ouvre par une merveilleuse invocation à Vénus, principe de toute vie et de toute fécondité. En face de moi, ce vieillard au vaste front couronné de cheveux cendrés et crépus, aux yeux de feu, à la bouche en forme de cicatrice, se nomme Tommaso Campanella. Originaire de la sauvage Calabre, il passa toute sa vie à la lumière de l'esprit. C'est le philosophe du soleil. Sa pensée éclaire autant qu'elle brûle. L'Inquisition l'a emprisonné de nombreuses années. Il vit au couvent des dominicains de la rue Saint-Honoré. Nous avons beau être opposés sur bien des points, j'éprouve pour lui une affection filiale. Enfin, au-dessus de ma tête, cet homme au regard fier est l'un de mes plus chers amis, Galileo Galilei, que nous appelons ici Galilée. Cet homme est un nouvel Atlas. Il tient le monde moderne sur ses épaules.

Mais revenons à vous, continua-t-il de sa voix de basse-taille à l'accent chantant. Je sais que vous êtes le fils d'un tapissier du roi.

Il désigna les cartes du ciel :

– Voici mes tapisseries à moi ! Elles sont faites avec des nuages et des éclairs, avec ces halos du soleil qu'on nomme parélies, avec des poussières d'étoiles. Je ne me lasse pas de les regarder dans la lunette que Galilée vient de m'offrir. Cette merveilleuse invention date de l'année dernière. Elle est composée de plusieurs lentilles qui permettent d'agrandir le diamètre des objets et de rendre les plus lointains aussi nets que s'ils se trouvaient à portée de la main.

– Oui, maître, l'interrompit Bernier. Mais vous, vous êtes le contraire d'un tisserand. Si vous observez le ciel, c'est pour démêler la trame de ces merveilles.

– C'est exactement cela, mon cher enfant, et ce n'est pas chose facile aujourd'hui.

Gassendi devint mélancolique. Un moment, il garda

le silence, hocha la tête en contemplant ses chères constellations. Puis sa nature reprit le dessus et un irrésistible sourire retroussa ses lèvres.

Prenant délicatement une pomme dans le compotier, il la tendit à Baptiste :

– Emportez-la au collège. On dit que c'est le symbole du péché alors que c'est celui de la connaissance. D'ailleurs, je ne mange que des fruits et quelques légumes bouillis. La viande est contraire à la constitution de l'être humain. Elle charge notre sang, nous rend colérique, impatient et sauvage.

Baptiste quitta l'hôtel de la place Royale dans un état étrange. Il était enchanté mais, en même temps, il se méfiait de la séduction que Gassendi exerçait sur lui. Le maître ne restait-il pas avant tout le chanoine de Digne, qui prêchait avec tant de fougue la tempérance et la frugalité ?

Lui sentait son cœur d'adolescent battre toujours plus fort. Il rêvait d'exploits audacieux, de passions impossibles, comme dans *Le Cid* de Pierre Corneille.

Quand cette tragédie, inspirée de Guilhem de Castro, avait été représentée, la guerre entre la France et l'Espagne venait de connaître des développements alarmants. L'armée des Hidalgos avait poussé jusqu'à Pontoise, menaçant d'assiéger Paris.

Malgré ce brouhaha de poudre qui résonnait encore, la pièce connut une gloire immédiate. Les tirades du Normand couraient sur toutes les lèvres.

Le grand-père Cressé les connaissait par cœur. C'était le dernier spectacle auquel il avait assisté en compagnie de Baptiste. Depuis, chaque fois qu'on lui demandait des nouvelles de sa santé, il soupirait : *ô vieillesse ennemie !*

Au début de l'hiver 1638, il ne voulut plus retourner au théâtre. Ses promenades dominicales l'entraînaient à présent comme dans un songe au cimetière des Innocents.

C'est là que reposait sa fille. D'un pas embarrassé par l'arthrite, il faisait le tour de ce périmètre funèbre, clos de murs au temps de Philippe-Auguste, longeait en soufflant la galerie aux quatre-vingts arcades.

Perdu dans ses pensées, il ne voyait ni les échoppes des écrivains publics où l'on pouvait communiquer pour cinquante sols avec les âmes du Purgatoire, ni les lingeries où l'on blanchissait les suaires, ni les librairies remplies d'horoscopes.

Au centre du cimetière s'élevait la tour Notre-Dame. Certains disaient qu'ils avaient vu l'archange saint Michel y monter la garde, cuirassé par le clair de lune.

Beaucoup d'enfants de la misère vivaient ici. La nuit venue, ils se lovaient les uns contre les autres autour d'un feu. Parfois, des soldats rescapés de la guerre de Trente Ans s'installaient au milieu de ces garnements infernaux et leur enseignaient patiemment à n'avoir peur de rien, sauf de Dieu.

La niche particulière où gisait la dépouille de Marie

était semblable à celle que l'alchimiste Nicolas Flamel, qui se prétendait éternel, avait fait creuser pour son épouse. Un médaillon en relief figurait la défunte. Le sculpteur l'avait représentée la tête penchée et les yeux clos, son merveilleux profil noyé dans les remous de sa chevelure. C'était une image empruntée au sommeil, qui niait la souffrance et l'adieu. Louis Cressé l'avait voulu ainsi.

Un jour de pluie, il alla seul au cimetière. La rue Saint-Honoré était grossie d'une eau grise et glacée. Plusieurs petits ponts de planches, jetés en hâte d'une rive à l'autre, permettaient aux passants de traverser sans se mouiller les jambes.

En franchissant l'un d'eux, le vieillard perdit l'équilibre et chuta dans les flaques.

Des témoins charitables le ramenèrent aux Halles. Il grelottait frénétiquement, roulait des prunelles égarées. Son agitation était si extrême qu'on fut obligé de le lier par des sangles à son lit pour l'empêcher de tomber.

Puis son pauvre corps s'apaisa, son regard devint vitreux, un masque de brume estompa son visage.

Les derniers instants de sa vie ressemblèrent au vol ralenti d'une feuille d'automne que le vent fait tournoyer et que les enfants essaient d'attraper avant qu'elle ne touche le sol. Il rendit l'esprit en douceur, veillé par son gendre et par Dorine.

Baptiste refusa énergiquement de se joindre à eux.

– Tu ne veux donc pas le voir une dernière fois ?

Il y avait un tendre reproche dans la voix de la servante.

– A quoi bon, ce n'est pas lui qui est couché dans cette chambre. Il ne reconnaît personne et ne parle plus qu'au mur.

La nouvelle lui parvint au collège. Il s'attendait bien à souffrir, mais pas avec ce sentiment d'effroi et de vertige. Des sanglots secs le secouaient, il était comme paralysé. Le froid des hivers les plus rudes n'était rien à côté de celui qui l'habitait.

Tous les échos des fêtes passées ensemble affluaient à sa mémoire, les décors de pourpre et d'or, le débit sonore des comédiens, le public bariolé.

Il avait appris que le théâtre est un monde parallèle au nôtre, plus réel et plus profond, où tout se joue sans cesse entre la vie et la mort.

Comme la disparition de sa mère avait marqué pour Baptiste la fin de son enfance, celle de son grand-père le fit basculer d'un coup dans l'âge adulte.

Un dimanche de mars 1639, dans l'antichambre de maître Gassendi, Baptiste fit la connaissance d'un drôle de paroissien. Sa vue lui donna un haut-le-cœur. Il ne savait s'il devait éclater de rire ou prendre la poudre d'escampette. L'inconnu était un jeune homme dont le crâne en pain de sucre était déjà presque entièrement chauve. Il avait les sourcils si noirs et si fournis que ses yeux disparaissaient dessous. Son nez était le plus long, le plus large, le plus courbé du monde. Ce bourrelet de chair jaunâtre, couturé de cicatrices pourpres, qui lui pendait jusqu'à la bouche, évoquait irrésistiblement le bec d'un perroquet monstrueux. Ses épaules n'auraient pas déparé une statue d'Hercule mais ses jambes ressemblaient à des quilles et son estomac gonflé ballottait comme la besace d'un pèlerin.

– Comment, monsieur, vous osez regarder mon nez ? dit-il à Baptiste d'une voix aigre.

Il roulait violemment une paire de dés dans sa main droite, sans doute pour essayer de calmer sa fureur.

– Je vous assure que je ne le regardais pas en particulier, se défendit Baptiste.

– Vous le regardiez donc en général ? assena l'inconnu en haussant le ton.

– En auriez-vous honte par hasard ?

– J'en suis fier au contraire, comme un espadon de son appendice !

– Eh bien, laissez-nous admirer cette merveille de la nature au lieu de vous offusquer au premier coup d'œil !

Pensif, l'inconnu toucha sa protubérance avec la délicatesse d'un luthier caressant l'âme de son violon.

Devant la bonne foi de Baptiste et son air de bouffon mélancolique, il se radoucit peu à peu :

– Voyez-vous, j'ai beau n'avoir que vingt ans, à cause de lui, j'ai envoyé deux dizaines d'hommes aux enfers en trois coups de sabre. Mais assez dit sur ce sujet ! A qui ai-je affaire, monsieur ? Moi, après m'être appelé Savinien de Cyrano, je me nomme aujourd'hui, entre autres, Cyrano de Bergerac.

– Et moi, Jean-Baptiste Poquelin. J'ai dix-sept ans et je termine mes études au collège de Clermont.

– J'espère qu'il est moins sinistre que celui de Beauvais qui se trouve dans le quartier de Saint-Germain-l'Auxerrois. C'est un véritable éteignoir, j'ai failli y laisser ma peau plus sûrement qu'à la guerre. Il est dirigé par Jean Grangier, pédant célèbre, avare et crasseux comme un rat.

– Nous, nous avons le père Juste, un sournois parfumé tout aussi redoutable ! Mais dites-moi, monsieur de Cyrano, qui cherchez-vous ici ? J'ai mes habitudes dans la maison, je pourrai peut-être vous être utile.

– Qui je cherchais plutôt ! Figurez-vous que ce Gassendi dont on célèbre partout les vertus ne me juge pas digne d'écouter ses leçons. Quand je pense que mon ami, le poète Tristan L'Hermite, ne jure que par lui ! Ah, l'on va m'entendre...

– Comment, monsieur, l'interrompit Baptiste, vous connaissez l'auteur de *Marianne* ?

– Mieux que mon propre père. Si vous voulez le rencontrer, je vous préviens qu'il vous faudra apprendre le piquet, l'hombre, la manille, le trente-et-un, la brusquembille, la guimbarde, le tric-trac, le reversis, la guinguette et le lansquenet, car notre homme est un lunatique à l'humeur fluctuante et seul le jeu le délivre de ses visions funèbres. Je l'aime beaucoup, bien qu'il soit au service de Gaston d'Orléans, l'agité frère du roi. Ce comploteur éternel vendrait son âme pour monter sur le trône mais à force de s'empêtrer dans ses propres toiles, comme une araignée impatiente et brouillonne, il échouera toujours. Moi, je suis frondeur en poésie, pas en politique !

Soudain, Chapelle apparut derrière eux, glissant aussi légèrement qu'un elfe sur les carreaux de marbre. Cyrano se retourna en fronçant le bourgeon violacé de son nez.

– Voici le fils du maître des lieux, murmura Baptiste. Un peu fantasque, vous verrez, mais le plus attachant du monde.

– J'ai eu l'honneur de croiser votre père à la *Pomme de Pin*, devant un pichet de Touraine, dit Cyrano à Chapelle tendrement. C'est un honnête homme et il est fier de vous. Je suis donc ravi de vous saluer.

– J'ai entendu chanter vos exploits lors du siège d'Arras. Vous y avez été blessé, je crois.

– En voici le stigmate, claironna Cyrano, écartant son écharpe.

Il portait à son cou une cicatrice écarlate, large comme la main. Est-ce le brusque rappel de ses combats qui fit de nouveau monter sa fureur ? Sa face s'empourpra, ses bajoues tremblèrent.

– Jeune homme, hurla-t-il à Chapelle, allez dire de ma part à votre précepteur que je m'en vais défoncer sa porte s'il s'obstine dans son refus.

– Ne faites pas ça, je lui parlerai.

– Oui, nous lui parlerons, dit Baptiste en écho.

– Très bien, j'attendrai le temps qu'il faudra.

Cyrano alla s'asseoir sur une banquette de velours, s'emmitoufla dans son ample manteau de spadassin, couleur feuille morte, et enfonça sur son crâne son chapeau-vigogne à panache.

Persuader Pierre Gassendi d'admettre ce furieux dans son cercle ne fut pas chose facile. Le maître avait entendu sur le compte du fameux ferrailleur, dont les duels terrorisaient Paris, des choses à vous glacer les sangs. Il aurait mieux valu le tenir à distance, mais puisque ses chers élèves tenaient à l'avoir avec eux !

– Faites-le entrer, finit-il par dire. Je savais bien qu'il était inscrit dans les astres que je verrais le démon face à face.

C'est ainsi que Cyrano prit l'habitude de débarquer place Royale, toujours à l'improviste.

Après l'avoir boudé, Gassendi s'habitua à ses hurlements perpétuels qui lui vrillaient les nerfs comme un vilebrequin, à son aspect ingrat, à ses sautes d'humeur. Sa curiosité était sans bornes et ses reparties d'une vérité criante.

Cyrano aima tout de suite Bernier.

– Tu es comme moi, lui répétait-il, un paysan mal dégrossi. Tu traînes encore de la crotte sous tes souliers.

Avec le petit Chapelle, il formait un duo savoureux. Si le fils de M. Luillier était un très jeune homme, Cyrano savait tout ce qui est utile pour vivre sans illusions dans le monde. Leurs deux natures répugnaient au calme. Dès qu'ils surgissaient dans le bureau de Gassendi, le pire était à prévoir. Une de leurs terrifiantes disputes, violente et brève comme un orage d'été, pouvait éclater à tout moment.

Cyrano avait le verbe haut. Quand il daignait redescendre de la lune où le projetait sa perpétuelle rêverie, c'était avec fracas. Baptiste ne savait trop s'il devait en rire ou en pleurer.

Chapelle, lui, ressemblait à l'un de ces êtres sortis d'une fable, qui séduisent et inquiètent à la fois. C'était un lutin malicieux, toujours prêt à faire des niches, à débusquer la vérité de chacun par des plaisanteries d'une cruauté enfantine. Il était aigri par le secret de sa naissance, perverti par son père de hasard qui lui avait transmis depuis son plus jeune âge la haine de tout ordre et de toute contrainte.

Les leçons étaient parfois précédées d'un repas d'olives noires et de fromage de brebis, accompagnés de pain de seigle et arrosés d'une eau pétillante venue des monts d'Auvergne. Inutile de dire que ce breuvage ne plaisait guère à Cyrano.

De temps en temps, entre deux bouchées, il sortait une fiasque de la poche de son habit et sirotait goulûment.

– Maître, ce n'est que de la rosée de feu ! s'exclamait-il, les yeux remplis de larmes, tandis que Baptiste, Chapelle et Bernier se gondolaient en se tenant les côtes.

Un soir, après dîner, il affirma que la lune possédait un mouvement sensible alors que les nuages demeuraient immobiles. Chapelle l'approuva en frappant dans ses mains.

Gassendi les conduisit sous un tilleul du jardin.

– Vous voyez bien, leur dit-il, que la lune se montre toujours entre les mêmes branches. Essayez donc de fixer les nuages.

– C'est impossible ! dit Baptiste avec enthousiasme.

– Ils se dérobent sans cesse, renchérit Bernier, triomphant.

– C'est vrai, reconnut Chapelle.

– Je dois avouer ma défaite, finit par chuchoter Cyrano.

On aurait dit le souffle de forge d'un chat-huant. Dans l'ombre gris perle, il esquissa un sourire mauvais. Chaque fois qu'il voulait en découdre avec ce raisonneur, il ne pouvait s'empêcher de lui rendre les armes.

« Ah, pensait l'ancien cadet de la compagnie des Gardes, j'étais plus à mon affaire sur le champ de bataille ! »

Il évoquait souvent la fraternité qu'il avait connue dans tous les bivouacs d'Europe, parmi les vagabonds et les filles de joie que les armées en campagne drainent toujours derrière elles. C'est auprès de ces épaves rejetées par l'amour qu'il avait appris à renifler l'humus dont est fait l'être humain, sa part de tourbe comme sa part d'or pur.

– Nous sommes à la fois ange et bête, claironnait-il.

Gassendi l'écoutait en lissant sa barbiche. Ce curieux spécimen de la nature le distrayait de ses rêveries lumineuses. Il oubliait un peu d'observer Mercure, cette lune inférieure qui montrait toujours au soleil la même face criblée de taches noires et blanches ou bien la planète préférée de Galilée, Jupiter, et son majestueux cortège de satellites.

Cyrano s'exaltait :

– Ce que vous faites en étudiant les constellations, je veux le faire avec l'alphabet. C'est un grimoire aussi précieux et précis qu'une horloge. Il détient la clé de ce monde si nous savons nous en servir. Qu'est-ce que la langue ? Un corps, un paysage, une lande, un océan, le sang qui bout dans nos veines, les pleurs que nous laissons couler. C'est de la colère, de la joie, du chagrin, le sentiment de notre perdition et de notre grâce. En écrivant, j'éprouve jusqu'au vertige la certitude orgueilleuse de ne pas mourir.

– Je vous comprends, répondait Gassendi en hochant sa belle tête blanche. Il fut un temps où j'aurais donné beaucoup pour être capable de faire des romans comme l'ancien évêque de Bellay, Jean-Pierre Camus, qui écrit quatre mille pages en quinze jours sans se relire, aussi naturellement que le ruisseau coule et que l'oiseau chante. Mais, hélas, je ne suis doué d'aucune imagination et je peine comme un cheval de labour en rédigeant le moindre paragraphe. Bien que je sois fermement persuadé d'être ignorant, il me faut sans cesse le vérifier. La compagnie de la jeunesse me console de tout. J'aime son insatiable curiosité, l'assurance qu'elle manifeste même quand elle doute, sa faculté de ne pas se contenter des apparences. Nous sommes placés devant les mystères de l'infini et nous tremblons d'y accéder. Vous, Cyrano, l'autre monde ne vous effraie pas. Vous savez qu'il n'est que l'autre côté de celui-ci. Quand nous disparaissons, le soleil tourne, il nous apparaît alors en pleine lumière. Vous voyez comme c'est simple. Un jeu d'enfant.

– Ou d'enfer, corrigeait Cyrano.

Un frisson courait sur l'échine de Baptiste. Depuis qu'il avait appris que l'ancien soudard était poète, il brûlait de l'imiter. Il avait déjà rédigé une traduction du livre IV du *De natura rerum* de Lucrèce, consacré aux illusions de l'amour, et des centaines de vers, dédiés à une image qui venait de le frapper au cœur.

Le visage de Madeleine

En effet, depuis peu, Baptiste avait son secret qu'il laissait mûrir comme un fruit d'or. A Clermont, dans l'ombre fraîche de son lit, il songeait à la jeune fille rousse aperçue quand elle entrait dans une petite maison située au coin de la rue de Thorigny et de la rue de la Perle, à deux pas de chez lui.

Cette inconnue ne le quittait pas. Il vagabondait près d'elle dans des paysages baignés d'une vapeur irréelle. En rêve, elle devenait une nymphe des bois, une oréade. Ses cheveux de feu, épais comme des cordes de guitare, dansaient sur ses épaules nues quand elle s'enfuyait devant lui. Elle savait si bien se confondre avec les feuillages qu'il la perdait de vue. Mais il la retrouvait bientôt, frôlant la lisière, éblouissante et vive tel un éclair de foudre.

A bout de souffle, il se réveillait. Tout son corps n'était plus qu'une interrogation : « La reverrai-je ? » En classe, il n'écoutait rien. Au réfectoire, il touchait à peine à l'épais brouet noir dont il faisait d'ordinaire ses délices.

Enfin, le mois de juin arriva. Baptiste vivait ses derniers jours de pensionnaire avant la grande aventure de la vie. Il faisait une chaleur inhabituelle. Clermont était une fournaise. Même en enfer sans doute, on ne grillait pas autant.

Avant d'abandonner son vieux collège, Baptiste en fit une dernière fois le tour.

A mesure qu'il avançait, une émotion violente le submergeait. Comme il avait aimé ces recoins d'ombre humide, ces odeurs confinées de cire et de lessive, ces chambrées chuchotantes sous les rayons complices du clair de lune !

Il sut qu'il garderait toute sa vie la nostalgie de cette chaude fraternité, de cet univers clos que rien ne pouvait menacer.

Parvenu au bout d'un long couloir, il poussa machinalement une porte épaisse et sombre et ce qu'il vit le figea d'une surprise horrifiée.

Le père Juste, à genoux, courbé en avant, se frappait les flancs de toutes ses forces avec un fouet de petites chaînes. A chaque morsure des pointes acérées sur ses épaules et sur ses flancs, un râle s'échappait de sa gorge, des gouttes de sang sourdaient de sa peau blanche.

Ainsi, c'était cela qu'on appelait se donner la discipline ?

En outre, une haire en poils de chèvre sauvage était déployée sur le lit bas. A la vue de cette courte chemise de pénitence que les aspirants à la sainteté endossent pour se mortifier, Baptiste sentit un frisson lui parcourir les reins.

Sans s'apercevoir qu'on l'observait, le père s'acharnait sur son corps amaigri, comme s'il voulait chasser des légions de démons furieux.

Baptiste recula d'un pas.

Il désirait s'enfuir mais ce pénible spectacle le paralysait. Quelle haine de lui-même poussait cet homme de Dieu à de tels outrages ?

Soudain, le père Juste l'aperçut et laissa tomber son fouet.

– Non ! gémit-il.

Baptiste se mit à courir, dévalant les escaliers ventre à terre tandis que des appels implorants résonnaient dans son dos.

Une heure plus tard, au moment des adieux, le jésuite était tiré à quatre épingles dans sa soutane noire aux reflets d'ardoise et fleurait la lavande à plein nez.

Quand celui qui avait surpris son secret lui fit face, il rougit violemment. Sa bouche s'entrouvrit mais aucun son n'en sortit.

Baptiste regarda les longs doigts osseux s'emparer de sa main et serrer, serrer encore, comme s'ils essayaient de le retenir du côté de l'enfance, de l'empêcher d'aller au-delà d'une ligne invisible et fatale. Derrière lui, Bernier attendait de prendre congé à son tour.

Alors, d'un coup sec, Baptiste s'arracha à cette étreinte et franchit le seuil du collège sans se retourner.

Bernier se porta à sa hauteur. Il était en nage.

– As-tu réfléchi à ce que tu vas faire maintenant ? demanda-t-il.

– M'inscrire à la faculté de droit. Et toi ?

– Moi ? Je quitterai bientôt ce monde.

– Que veux-tu dire ? s'exclama Baptiste, alarmé.

– Mais non, ce n'est pas ce que tu crois, espèce de béjaune ! C'est l'Europe que j'abandonne et ses sombres rumeurs. Je suis sûr que les rives du Bosphore ou celles de l'Indus sont plus riantes et pacifiques. Un jour, je serai le grand vizir d'un sultan de là-bas.

– Oh oui, je te vois très bien en Mamamouchi, ricana Baptiste.

– Mamamouchi ?

– C'est une dignité que je viens d'inventer.

– Elle est fort plaisante, dit Bernier gravement. J'en accepte l'augure.

Beaucoup plus tard, devenu l'auteur fêté du *Bourgeois gentilhomme*, Baptiste apprit qu'après avoir arpenté les régions les plus reculées du globe, son ami servait de Premier ministre à l'empereur du Cachemire.

Lui aussi se serait bien embarqué pour ces horizons lointains tant il appréhendait le retour définitif dans la maison des Halles. Depuis quelque temps, son père était d'une humeur massacrante. Pour la moindre peccadille, il se mettait à hurler.

Alors, se bouchant les oreilles, la petite Catherine-Espérance allait se jeter sur son prie-Dieu de velours et priait, priait à perdre haleine. Chaque soir, elle parlait longtemps à sa mère défunte de sa journée, de ses devoirs, lui promettait de rester une enfant, c'est-à-dire de se taire.

En murmurant ces choses, elle gardait les yeux levés vers le ciel de son lit, voyait s'ouvrir les fleurettes blanches du baldaquin et pleuvoir des paillettes d'argent qui se confondaient bientôt avec ses larmes.

Tout la faisait souffrir, tout la jetait dans l'inquiétude. Elle méprisait les parures dont raffolait sa grande sœur Magdelon. Bien que ravissante, elle n'était pas coquette, fuyait les miroirs et les compliments.

Baptiste trouvait qu'elle ressemblait étonnamment à sa propre mère, comme si Marie Cressé avait accouché d'elle grâce à la médiation de Catherine Fleurette, par procuration posthume en quelque sorte.

Pour passer l'été, il se réfugia dans la petite maison de son grand-père, à Saint-Ouen. Jean le jeune l'accompagna une partie du séjour. Il était lent, efficace et têtu. Les repas se déroulaient comme des saynètes réglées à l'avance. Jean s'exprimait en termes longuement pesés sur la balance de la logique, tandis que Baptiste essayait par des grimaces et des gauloiseries de dérider ce lugubre bourgeois de seize ans.

Malgré leur différence de caractère, ils s'entendaient bien. Peu à peu, Jean se détendit et Baptiste se prit à envier la vie tranquille qui attendait son cadet. Ils vendangèrent ensemble, foulèrent le raisin dans les cuves avec les filles du village, des gaillardes rougeaudes et dépoitraillées qui ahanaient en piétinant les grappes.

On les vit se promener dans les chemins creux, bras dessus bras dessous comme de vieux amis, fumer sur le pas de leur porte, parler jusqu'à plus d'heure. Ils rattrapèrent en une saison des années d'ignorance mutuelle.

Baptiste comprit que sous cette façade trop raisonnable se dissimulait une espèce de ruse mélancolique. Jean pressentait-il que la mort viendrait le prendre dans la fleur de sa jeunesse ? Se figurait-il qu'à force de sérieux, d'application au travail, il parviendrait à la tenir à distance ?

En octobre, Baptiste s'inscrivit à la faculté et commença d'étudier le droit. Cette discipline lui plut tout de suite parce que le bon sens y côtoie sans cesse la folie. Il lisait le recueil des *Ordonnances royales* comme s'il s'agissait d'un roman mais s'endormait sur les doctes *Tablettes* du conseiller Matthieu.

Il allait moins souvent aux cours de Gassendi. Cyrano et Chapelle alternaient les brouilles muettes et les réconciliations bruyantes.

Bernier, toujours fidèle au philosophe, le servait à plein temps, tout en se préparant à partir pour ses terres inconnues.

Un soir, M. Luillier entraîna Baptiste et son fils en voisin chez la fameuse Marion de Lorme dont la réputation galante avait franchi les frontières.

Dès qu'il la vit, notre héros faillit oublier sa belle inconnue. La courtisane était blonde et mousseuse comme du vin de Champagne. Sa peau avait la blancheur bleutée du lait d'ânesse. Sa taille était fine comme celle d'une guêpe, ses gestes enrobants et sinueux comme les crampons de la vigne vierge.

Marion vous vrillait sur place, vous immobilisait par des grâces de magicienne barbare. Elle riait en découvrant ses dents de louve, d'un ivoire sans défaut. Alors sa gorge ronde au sillon profond se soulevait dans son corsage, ses rubans frémissaient, ses admirables boucles ondulaient sur ses épaules nues. On ne pouvait la regarder sans éprouver en même temps un désir fou et un serrement de cœur.

Dans la chambre dorée où elle recevait ses invités, c'était un incessant tourbillon, un brouhaha rythmé par les accords guillerets d'un luth.

– Saint-Amant ! s'écria Chapelle, comme s'il s'agissait d'une évidence. Il n'est que de passage à Paris. Sais-tu qu'il connaît Galilée presque aussi bien que Gassendi ? Il a voyagé en Amérique, au Sénégal, aux Indes, parle l'anglais, l'italien, l'espagnol, compose des hymnes au melon et au cidre, se peint volontiers en poète crotté. Son épopée biblique, *Moïse sauvé*, dont il ne nous a donné jusqu'ici qu'un aperçu, promet d'être l'un des monuments de notre époque. En outre, ce bonhomme aux allures de goinfre est selon mon père un merveilleux diplomate. Il n'est pas manchot non plus, comme tu peux l'entendre.

Monsieur Luillier s'approcha d'eux, couvant son fils d'un regard éperdu de tendresse.

Il était toujours aussi bienveillant à l'égard de Baptiste qui lui semblait avoir une meilleure influence sur son garnement que le forcené Cyrano :

– Gassendi regrette de ne plus vous voir, lui susurra-t-il à l'oreille. Il m'a dit que vous étiez l'auteur d'une fort belle traduction de Lucrèce. J'espère que vous voudrez bien nous la lire un soir, au coin du feu. Ah, voici venir mon ami Des Barreaux ! C'est toute ma jeunesse qui m'apparaît, quand nous allions au hasard, d'une rive à l'autre, ivres de vin, d'amour, de gloire et de poésie.

Des Barreaux embrassa son vieux compagnon, chatouilla le menton de Chapelle et se fit présenter Baptiste, qu'il caressa d'un œil de velours jaune, à la fois morne et perçant.

Il avait beaucoup de prestance, une figure pleine et colorée, un maintien assuré comme s'il se trouvait chez lui.

Son élégance naturelle était rehaussée par la simplicité de son habit noir qui lui donnait quelque chose de sacerdotal, bien qu'il ne fît rien pour cacher son athéisme. C'était, en somme, un prêtre du Néant.

Chapelle le prit par le bras.

– Celui que tu viens de voir a été l'initiateur de notre hôtesse, dit-il en baissant la voix. En est-il toujours le maître ? Cela est moins sûr, il y a là quelqu'un qui pourrait bien rafler la mise. Tu vois ce jeune homme, adossé à la tapisserie, eh bien, c'est le marquis de Cinq-Mars. Mon père m'a raconté son ascension. Richelieu l'a poussé vers le roi pour se servir de lui mais ce joli pion se montre un peu rebelle. Il a réussi en l'espace d'un an à se faire nommer grand écuyer de France à la place du sénile duc de Bellegarde et à se montrer indispensable à la cour. Dire qu'il n'a que vingt-deux ans ! Jusqu'où montera-t-il ?

Le favori de Louis XIII avait un visage poupin, des yeux d'un noir d'encre, encore assombris par des paupières lourdes comme celles d'un homme qui dort à peine, une bouche petite et rose qu'un sourire tristement ironique élargissait parfois, une moustache imperceptible, pareille à une traînée de poudre d'or, un menton pointu, marqué d'une fossette, un front haut, des cheveux noirs aux reflets d'acajou retombant en cascade sur le large col en dentelles d'Alençon.

– Marion de Lorme est folle de lui, murmura Chapelle. Nous assisterons bientôt à une passation de pouvoirs qui ne se fera pas sans quelques grincements de dents.

Un instant, les regards de Cinq-Mars et de Baptiste se croisèrent. Puis le jeune homme se replongea dans sa rêverie boudeuse.

Se tournant de l'autre côté, Chapelle s'exclama :

– Et voilà celui dont tu ne peux prononcer le nom sans bégayer, Tristan L'Hermite.

Baptiste sentit que son cœur faisait un bond dans sa poitrine. L'auteur de *Marianne* se tenait un peu en retrait, vêtu comme un paysan. Il ressemblait à un chat sauvage, le nez court et relevé, souligné d'une fine moustache aux pointes vibratiles, les mâchoires fortes. Sa tête petite et ronde était hérissée de cheveux rebelles. Autrefois, ils avaient dû être blonds et bouclés mais ils étaient devenus couleur de cendre et n'ondulaient plus que vers les tempes.

Ses gros yeux d'un bleu très pâle regardaient devant eux. On eût dit ceux d'un aveugle. Ils ne retenaient rien, n'accrochaient personne, ayant l'air de chercher seulement l'au-delà de ce monde. Baptiste l'observait à la dérobée, honteux à la pensée que Tristan pouvait le surprendre.

Le poète fixait le vide, accoudé à la cheminée, le front têtu, plissé de temps en temps par une ride soudaine comme on le voit sur l'eau d'une mare. Baptiste aurait voulu se jeter à ses pieds, lui crier son admiration, lui demander de l'aider dans la voie escarpée qu'il avait choisie. Mais il était tétanisé, continuant d'inscrire dans sa mémoire les traits de son modèle.

Une sorte d'hurluberlu, échevelé comme un cheval au galop, fit irruption dans la chambre dorée et se rua vers Marion.

– Il ne manquait plus que Scudéry ! gloussa Chapelle. On va rire !

Georges de Scudéry avait publié en 1631 un volume de vers, démarquages grossiers de Théophile de Viau et de l'Italien Marino. Récemment, il s'en était pris à Corneille dans un venimeux opuscule intitulé *Considérations sur la tragi-comédie du Cid.*

Mais Baptiste se souvenait avec reconnaissance qu'il avait défendu les acteurs contre les médisants dans sa *Comédie des Comédiens.*

Ils tendirent l'oreille. Marion était en train d'interroger le furieux sur ses projets :

– Je m'apprête à livrer au public un roman intitulé *Ibrahim ou l'Illustre Bassa* qui met pour la première fois en scène la menace barbaresque, lança-t-il d'un air important en louchant sur le décolleté avantageux de la courtisane.

Il fixait ces globes crémeux avec tant d'insistance que Marion, habituée pourtant aux hommages les plus indiscrets, s'en émut bruyamment :

– Holà, roucoula-t-elle à la ronde de sa voix rauque de colombe, qu'on apporte de l'eau, monsieur de Scudéry prend feu !

L'assistance éclata d'un rire tonitruant, sauf Cinq-Mars. Scudéry n'était pas d'un courage indomptable. Devant l'œil courroucé du marquis, il bafouilla de vagues excuses et s'enfuit à toutes jambes.

Prétextant une migraine, Baptiste ne tarda pas à s'en aller aussi. Cette expérience l'avait mortifié. Il était aussi à l'aise dans un salon qu'un chien dans un jeu de quilles, surtout devant une jolie femme, s'empêtrait les pieds dans les tapis et la langue dans ses compliments, manquait du moindre esprit de repartie, se sentait lourdaud, dégrossi, rougissait violemment comme un niais.

Il rêvait de posséder l'audace de Chapelle, l'imagination de Bernier, la témérité de Cyrano, le talent de

Tristan. C'est en interprétant un rôle qu'il devenait lui-même. Mais il lui fallait pour cela une estrade, un public.

Il revenait par la place Dauphine lorsqu'un écriteau l'arrêta net. Le cœur battant, il lut :

Melchisédec Bary, chimiste diplômé de la faculté de Bratislava qui a guéri en quinze jours une épidémie de peste en Italie, cherche un expérimentateur pour ses remèdes et ses élixirs. Se présenter à la boutique.

C'était un vieillard parcheminé, aux yeux d'un bleu d'outremer, extraordinairement perçants qui vous fouillaient jusqu'à l'âme. Le sommet de son crâne énorme et chauve s'auréolait d'une couronne de neiges éternelles, véritable tignasse de prophète ou de savant fou. Il parlait une langue qui ne ressemblait à rien de connu. Aussi pour le comprendre valait-il mieux se fier à ses jeux de physionomie et à ses gestes, qu'il savait varier à l'infini.

Baptiste fut engagé aussitôt. Il serait nourri et logerait dans une mansarde encombrée de volumes poussiéreux. Il ne mit pas longtemps à faire des merveilles sur les tréteaux en plein air couverts de cornues et d'alambics d'où s'échappaient des panaches de fumées de toutes les couleurs.

Il avait une façon irrésistible de feindre la crise cardiaque, se pressant le flanc gauche avec une grimace de douleur étonnée, ou bien de boiter, arpentant les planches la jambe raide et la bouche ouverte en O.

Pendant six mois, tout alla bien, hormis quelques

migraines et saignements de nez. Jusqu'au jour où Baptiste dut absorber une liqueur noire, concoctée le matin même par maître Bary.

« Cela s'appelle boire le calice jusqu'à la lie », pensa-t-il, se forçant à l'engloutir jusqu'à ce qu'il ne reste pas la moindre goutte dans la coupe de bois.

La réalité s'emballa soudain comme un cheval rebelle, ses paupières basculèrent, une taie brumeuse les recouvrit. Il ne vit plus rien d'autre qu'une nuée de sang. Des formes se penchèrent sur lui, hurlant des encouragements, appuyant sur son ventre, insinuant leurs doigts rugueux dans sa gorge pour le faire rendre. Il continuait de gémir sourdement, naufragé abandonné sur son radeau par une nuit sans lune.

Bary fit porter son employé sur le lit de seigle de la mansarde. Là, il lui administra un puissant antidote. Baptiste se réveilla avec une telle violence qu'il lui sembla naître une seconde fois. La nostalgie de son enfance heureuse vint le tenailler sans relâche. C'était une douleur ténue, impalpable et diffuse, de celles contre lesquelles on ne peut rien, augmentées par le souvenir des spasmes et des vertiges consécutifs à son intoxication.

Lui qui était un garçon éclatant de santé, avec des bras comme des gigots, devint si maigre qu'on aurait pu le prendre pour son ombre.

Il se retira aux Halles, parmi les siens, dans la maison à l'enseigne de Saint-Christophe.

On n'avait pas touché à sa chambre. Était-on si sûr du retour de l'enfant prodigue ? Il revit ses frères et ses sœurs avec un plaisir étrangement lointain, comme derrière une paroi de verre. Même les accès de colère de son père et son avarice toujours croissante ne le gênaient plus.

Son accident l'avait placé à distance. Le monde réel était un éventail déplié qu'il pouvait refermer à sa guise. Une brume s'installait dans son cerveau, trouée d'échos sonores et de gesticulations fantômes. Des bribes de phrases arrivaient en foule, s'échangeaient à toute allure, rebondissaient à la manière de la balle au jeu de paume. Il se mettait à sa table, griffait longtemps le papier de sa plume d'oie patiemment aiguisée, riant tout seul en écrivant.

Il hiberna une partie de l'été, comme s'il vivait aux Antipodes. Vers la fin du mois d'août, il se décida à sortir, s'épuisant en marches forcées sous le soleil ardent.

Il alla sur la Grève. La Seine était prise d'assaut. Avec envie, il regarda les baigneurs évoluer dans les flots sombres, éclabousser leurs compagnes. Elles avaient gardé leur chemise, puisqu'il était interdit désormais de nager nu.

Soudain l'une d'elles, plus grande et plus svelte que les autres, se retourna. Baptiste crut s'évanouir en découvrant son visage. C'était sa belle inconnue. Elle se tenait tout au bord de l'eau, à quelques enjambées de lui. Il pouvait distinguer les perles de sueur roulant sur ses joues roses, sur son long cou, sur ses épaules délicates.

Elle plongea son regard bleu dans le sien, s'y

attarda. Ses cheveux d'or brûlé étaient rassemblés en une tresse avec laquelle elle jouait distraitement.

Ce fut lui qui baissa les yeux le premier. Il se sentit rougir.

– Ne nous serions-nous pas déjà vus, monsieur ? entendit-il, tout étourdi.

La jeune fille était entièrement sortie du fleuve et se dandinait devant lui dans sa chemise mouillée.

– Monsieur le rêveur, c'est à vous que je parle !

Baptiste ne pouvait plus reculer :

– Oui, mademoiselle, cela se peut. Je vous ai aperçue plusieurs fois de ma fenêtre mais j'ignorais que vous l'eussiez remarqué.

Il ajouta tristement :

– Avant, le dimanche, j'allais au théâtre avec mon grand-père. A présent qu'il n'est plus, je me contente du spectacle de la rue.

Sans relever l'insolence légère contenue dans ces derniers mots, la jeune fille tressaillit :

– Le théâtre ! Savez-vous, monsieur, qu'il est ma vie. Toute ma famille partage ma passion, même mon vieux père qui est huissier aux Eaux et Forêts.

– Un magistrat peut donc aimer la scène ! s'écria Baptiste en songeant au tragique épisode de l'Hôtel de Bourgogne.

– Aimer est un verbe trop faible pour décrire la frénésie qui nous prend dès qu'il est question de spectacle. Et savez-vous qui est le plus doué, le plus ardent, le plus accompli d'entre nous ? Mon frère aîné, Joseph. C'est ce jeune homme aux cheveux bouclés, là-bas, qui nage si gracieusement la brasse. Mais je m'aperçois que nous ne savons pas qui nous sommes. Je m'appelle Madeleine Béjart.

– Et moi, Jean-Baptiste Poquelin.

Elle l'entraîna vers la fraîcheur des ormes. Ils s'assirent sur une barque retournée qui exhibait un ventre gris de cachalot et parlèrent comme s'ils se connaissaient depuis toujours.

De temps en temps, Madeleine s'interrompait pour adresser des signes joyeux à son frère.

Elle avait des yeux d'un bleu très pâle, très écartés l'un de l'autre, un nez court aux ailes délicatement dessinées qui frémissaient sans cesse, les mêmes fossettes que Catherine-Espérance, la bouche la mieux ourlée du monde, un sourire éclatant qui découvrait des dents de chatte. Sa voix surtout était une musique à vous faire défaillir. Elle évoquait le son de la viole avec des pointes de virginal.

Joseph émergea trop tôt du fleuve. Sa démarche chaloupée était due à une ancienne boiterie mal guérie. Il bégayait horriblement. Dans son effort pour extirper les mots de sa gorge, syllabe après syllabe, il laissait échapper des soupirs plaintifs.

– Joseph est un comédien magnifique, dit Madeleine avec tendresse. Il excelle surtout dans les rôles de héros.

Voyant la stupeur de Baptiste, elle ajouta :

– Ne soyez pas surpris. Dès qu'il entre en scène, il cesse comme par miracle de bégayer. J'envie même quelquefois la clarté de sa diction !

Ils revinrent ensemble, bras dessus, bras dessous, riant comme des fous sous le soleil de plomb.

Une fois qu'ils furent arrivés rue de Thorigny, Joseph continua son chemin jusqu'à la rue Saint-Honoré où vivait la famille Béjart.

– J'ai appelé la petite maison que vous voyez là le Chapeau-de-rose, à cause de la couleur de son toit. Désirez-vous m'y tenir compagnie un moment ? demanda Madeleine d'une voix qui s'étranglait un peu. Je vis seule et cela me pèse quelquefois.

Ils entrèrent, suivirent un long couloir obscur et débouchèrent dans une grande pièce à peine meublée d'où s'élançait un escalier aux volées de chêne. La lumière qui venait du jardin par les portes-fenêtres les éblouit violemment.

Dehors s'ouvrait une tonnelle ornée d'aristoloches aux fleurs jaunes en tube, de chèvrefeuille à la tige volubile et de clématite aux sarments pourpres.

Assis l'un contre l'autre sur un banc, dans une pénombre complice, ils renouèrent la tendre conversation interrompue.

– D'ici, l'on peut apercevoir l'hôtel du Marais, à l'angle de la rue Vieille-du-Temple, dit Madeleine. J'y ai commencé très jeune. Je faisais surtout des remplacements, sans trop me soucier d'autre chose que de jouer. C'est ainsi qu'on apprend son métier. J'étais si heureuse alors d'incarner une soubrette, avec trois phrases de réplique !

Puis, baissant la voix, elle évoqua les chagrins précoces qui l'avaient accablée

Avec une indignation où palpitait tout son amour déçu, elle prononça le nom de l'homme charmant mais volage auquel elle avait sacrifié sa vertu. Il s'agissait du comte Esprit de Modène. Comme Tristan l'Hermite, il était chambellan de Gaston d'Orléans. Une petite fille était née trois ans plus tôt de cette liaison. Hélas, le ciel n'avait pas voulu la lui conserver ! Elle avait bien cru mourir de douleur et puis le tourbillon de la vie l'avait reprise. Son amant s'en était allé en Lorraine rejoindre l'armée des princes ligués contre Richelieu. Elle ne risquait donc plus de le croiser au bras d'une belle dans la galerie du Palais.

Après cette période noire, elle s'était donnée au théâtre à corps perdu. Elle aimait le clair-obscur de la scène où l'illusion est reine. Les feux de la rampe lui paraissaient parfois plus réels que ceux du soleil.

Elle avait navigué de la troupe du duc d'Angoulême à celle du duc d'Épernon, où elle incarnait à présent *l'Antigone* de Jean Rotrou.

Elle adorait aussi la comédie. Si on lui demandait d'interpréter ensuite une mondaine bavarde, elle en serait ravie ! L'essentiel, c'était de sentir monter l'attention des spectateurs avant d'entendre les applaudissements déferler, pliée en deux pour saluer, comme après une course gagnée.

Ces instants-là valaient des années.

– Mais parlez-moi de vous, dit-elle soudain, vous êtes si mystérieux avec votre museau de lionceau et votre air perpétuellement étonné !

– Je préfère vous écouter, répondit Baptiste. D'ailleurs, que vous dirais-je ? Ma vie est faite d'instants décousus et je passe mon temps à les rajuster. Mais voilà que je m'exprime déjà comme un tapissier !

Il éclata d'un rire sonore qui se brisa aussitôt. Des larmes brouillèrent ses gros yeux noirs.

– Allons, allons... dit Madeleine en l'attirant contre elle.

Il posa son front dans le creux de cette épaule nue et ne bougea plus.

La jeune femme exhalait un parfum de moiteur et de lait.

– Apprenez-moi ce que vous savez, murmura-t-il, lové dans ce nid de chair tendre.

– Serez-vous un écolier bien patient et bien obéissant ?

Baptiste promit. Le sang lui montait à la tête, il était si heureux que cela l'effrayait.

Madeleine se pencha sur lui, les yeux fermés, la bouche entrouverte, et l'embrassa longtemps, avec un raffinement mêlé d'une passion très douce.

Ensuite, le prenant par la main, elle l'entraîna dans la chambre mansardée qu'elle occupait au premier étage. Des effluves entêtants de lavande montaient du lit défait.

Prenant dans un tiroir de la commode une petite boîte, elle en tira une chose élastique.

– C'est une vessie en peau de porc, dit-elle. Laissez-moi faire, je vais vous montrer comment la passer.

Paré de cette armure, Baptiste reçut sa première leçon, jeta ses premiers feux au combat.

Sa peur s'était éloignée. Dans la fraîcheur délicieuse de ce soir de printemps, le temps d'une étreinte folle, rien ne pouvait l'atteindre, il était immortel.

En septembre, Madeleine eut la douleur de perdre son père. Puis la justice la poursuivit pour traites impayées.

Baptiste l'accompagnait dans ses démarches au Châtelet, la conseillait, la consolait. Dans l'adversité, elle montrait l'âme d'une héroïne romaine.

Chacune de leurs rencontres, arrachée au deuil et à la chicane, était un moment de grâce. Dès qu'elle n'était plus là, le monde était vide. Baptiste demeurait chez lui, à noircir du papier. Son désir d'écriture ne l'avait pas quitté, au contraire. Plus que tout, il voulait éblouir Madeleine.

Elle se montra indulgente devant ses premières tentatives théâtrales :

– Tu sais faire parler tes personnages, Baptiste, tu sais les camper en trois phrases, comme un dessinateur de la foire croque son modèle en quelques coups de fusain. Mais tes scènes manquent de mouvement, de surprises. Ne laisse pas de répit au spectateur. Il faut qu'il soit étourdi, ébahi, hors d'haleine, que tous ses sens soient en éveil !

Il allait la chercher au jeu de paume Berthault, impasse des Anglais, dans le faubourg des Halles.

Quand il se dirigeait vers la loge de Madeleine, il croyait quelquefois entendre résonner à ses côtés le pas sonore de son grand-père défunt.

Cette chère ombre lui ouvrait ce royaume d'illusion où son amante s'attardait à loisir. Dans un élan brouillon que seule l'impatience du désir pouvait excuser, il se jetait sur elle, froissait sa robe, gâchait son maquillage, s'enivrait de son éternel parfum de lavande où l'odeur de la sueur mettait une note poivrée.

Puis ils partaient à l'aventure, serrés l'un contre l'autre, avec l'abandon d'un vieux couple.

Un jour qu'ils avaient rendez-vous, Baptiste trouva porte close. Il la chercha sur les bords de la Seine, consulta les distributions des pièces nouvelles. En vain. Joseph aussi était introuvable.

Un désespoir sans nom s'empara de lui. Il ne pouvait oublier le visage de Madeleine, son sourire qui savait le consoler de tout, son inépuisable énergie malgré ses malheurs précoces, son talent si rare. En elle, Baptiste avait trouvé la poésie nocturne de sa mère Marie, le sens de l'organisation de sa grand-mère Agnès, la sagesse paysanne de Dorine, accompagnés d'une séduction faite d'imprévu et de poudre aux yeux comme le vol d'un majestueux papillon de nuit.

Qui pouvait lui résister ?

Madeleine disparue, Baptiste délaissa ses études. Il s'épuisait en vagabondages mélancoliques sur les lieux de son bonheur passé. Le voyant dans la rue, pâle comme un mort, Bernier lui demanda de quoi il souffrait.

– D'amour, murmura Baptiste.

– Peste !

– Tu l'as dit, c'est une épidémie, une torture.

– Et qui est cette assassine ?

– Une comédienne de vingt-trois ans, Madeleine Béjart. Elle s'est évanouie dans la nature sans me faire la grâce d'un adieu.

– Les femmes sont plus changeantes que le climat, dit Bernier d'un ton fataliste. Autant se lier au vent !

Baptiste demanda des nouvelles de Gassendi et du petit groupe de l'hôtel Luillier.

– Depuis que tu nous boudes, tout se délite. Chapelle et Cyrano ont plusieurs fois failli en venir aux mains. Tu es sûr que tu ne veux pas m'accompagner ? Justement, je vais là-bas.

– Non, je te remercie, répondit Baptiste. Je crois que notre vie est faite de saisons. Celle-ci est finie pour moi. Salue le maître de ma part.

Le tapissier du roi

Le 20 janvier 1642, Jean Poquelin fit venir son fils dans son bureau. Il était encore de plus mauvaise humeur que d'habitude.

– Tiens, lis, dit-il à Baptiste. Tu es requis pour accompagner notre souverain en Roussillon, province que les Espagnols occupent honteusement.

Baptiste ne put réprimer un soupir.

– Il est bien tôt, mon père, pour vous succéder.

– Tu viens d'avoir vingt ans, il me semble ! Souviens-toi de ta promesse.

– Il me reste à prendre mes diplômes, plaida Baptiste.

– Comment ? Tu sais faire des discours en latin, cela

ne te suffit pas ? Et puis, c'est assez discuté, il faut obéir, non à ma volonté mais à celle du roi. Si tu savais comme j'aimerais pouvoir servir moi-même Sa Majesté...

Tous les regrets du monde assombrirent un instant le visage du vieil homme. Baptiste se sentit rempli d'une tendre pitié. Quelle force étrange les poussait à s'affronter, alors que la vie était brève et brefs les instants de bonheur ?

Il céda. L'éloignement de la capitale le guérirait peut-être de son amour déçu.

C'est à cheval que le roi quitta Saint-Germain-en-Laye au matin du 27.

En le voyant partir, Baptiste se souvint avec quelle dévotion il disait autrefois le nom de Louis devant la gravure richement encadrée qui trônait dans le salon du pavillon des Singes.

Bien campé sur sa selle, le roi était en même temps hagard et farouche, regardant fixement l'horizon comme s'il apercevait déjà l'ennemi. La maigre barbiche, qu'on appelait royale, et dont il avait lancé la mode, lui donnait vaguement l'air d'une chèvre.

Autour de lui, tout prenait des allures de fantasmagorie. On murmurait qu'il était à l'article de la mort, brouillé avec le cardinal et manipulé par son favori, le marquis de Cinq-Mars.

Mais depuis le 5 septembre 1638, il avait un fils et ce gaillard de trois ans et demi semblait l'avoir transformé. D'ailleurs, lui qui passait pour indolent, ne s'était-il pas débarrassé sans coup férir autrefois de l'amant de sa mère, Concino Concini ?

Les grosses voitures chargées jusqu'à la gueule tanguaient dans la neige et la boue comme des vaisseaux sur une mer démontée. Malgré le froid et les cahots, Baptiste révisait consciencieusement la liste du mobilier royal dont il avait la charge – c'est-à-dire deux chambres complètes – calculait des longueurs de rideaux, choisissait des étoffes pour les ciels de lit, des galons pour les pentes, des motifs pour les couvertures de parade, étudiait des aménagements inédits.

Le 19 février, à Lyon, Richelieu rejoignit Louis XIII avec deux jours de retard, souffrant comme un damné d'abcès ouverts et purulents. On le portait sur une litière de campagne. Le roi et son premier ministre assistèrent ensemble à un *Te Deum* pour célébrer la récente victoire, à Kempen, des forces franco-hessoises sur les Impériaux. Durant toute la cérémonie, ils évitèrent soigneusement de se regarder.

Une lutte sourde était engagée entre ces deux agonisants. Qui enterrerait l'autre ?

Le 8 mars, on arriva devant Narbonne. Dans le ciel d'un bleu de myosotis, les nuages avançaient au pas, semblant faire escorte au somptueux cortège.

Le roi s'installa dans le donjon du château des Archevêques, couronné de quatre poivrières d'angle, à gauche de la façade. Ses archères ne s'ouvraient pas directement sur la salle centrale mais sur des chambres de tir, ce qui diminuait les risques de pénétration des projectiles ennemis, au cas où les Espagnols réussiraient à s'aventurer jusque-là.

Richelieu logeait non loin, dans la tour Saint-Martial, datant de 1347.

Quant à Baptiste, il occupait avec son équipe les bâtiments les plus anciens et les plus incommodes du château, situés à l'équerre du donjon de la Madeleine, à droite. C'était là qu'on parquait les domestiques. Mais rompu à l'austérité du collège de Clermont, il y trouva rapidement ses aises.

Narbonne ressemblait aux dessins d'Athènes qui l'avaient tant fait rêver. Dans ces ruelles inondées d'un soleil couleur de champagne et tissées d'ombres fraîches, il se croyait un citoyen de la Grèce antique.

Il déjeuna de fromage de chèvre et de pain, comme au temps où il étudiait avec M. Gassendi puis il alla faire son office.

Alors qu'il regardait s'affairer les ouvriers dans une chambre du premier étage de l'archevêché, un jeune homme entra, aussi vif qu'un souffle de mistral, et vint se placer à côté de lui, les bras croisés.

Au bout d'un moment, Baptiste l'entendit murmurer :

– J'espère que les rêves que je ferai ici seront aussi bleus que la parure de mes fenêtres. Ce tissu est vraiment ravissant, je n'aurais pas mieux choisi.

C'était le ton des salons, qui faisait se pâmer les dames de tous âges.

Baptiste reconnut celui qu'il avait croisé chez Marion de Lorme et dont Chapelle lui avait brossé un portrait si vibrant.

Mais les traits du marquis de Cinq-Mars ne possédaient plus la joliesse un peu molle de naguère. Une inquiétude diffuse les creusait à présent, leur donnant une virilité nouvelle.

Baptiste se garda bien de parler puisqu'on ne lui demandait rien. Le favori l'observa quelque temps avec une attention excessive, comme s'il cherchait à se rappeler quelque chose, puis il lui demanda :

– Comment t'appelles-tu ?

C'était une question aussi anodine qu'imprévue.

– Jean-Baptiste Poquelin, tapissier de Sa Majesté.

– Jean-Baptiste, dit Cinq-Mars, ta tête me revient.

– Votre Excellence me comble, dit Baptiste en esquissant une révérence si vive et si preste que même Scaramouche, le roi de la pirouette, n'aurait pas fait mieux.

Le favori éclata de rire.

– Toi, tu sais vivre, au moins !

Puis une taie de brume recouvrit ses yeux noirs et il tourna les talons.

Louis XIII donna un grand dîner pour remercier les braves qui l'accompagnaient dans sa périlleuse entreprise. Ce fut l'occasion pour Baptiste de voir quelques-uns des plus grands seigneurs du royaume et des plus valeureux, d'Enghien, avec son profil de vautour, Turenne, beau comme un dieu de la jeunesse...

Cette fête avait l'air d'un office funèbre, malgré le quintette à cordes qui moulinait des mélodies folâtres. Les gueules enfarinées des valets accentuaient encore cette impression. Ils apportaient sur de grands plats d'argent les pâtés aux allures de pains d'épices, les volailles à la chair de miel, le gibier sombre. C'étaient des rondes incessantes, un ballet de sylphes, une procession d'elfes.

Baptiste les observait, le cœur serré. Que faisait-il là, si loin de lui-même ?

Le roi mangeait à peine. Sa longue figure chevaline était d'une pâleur que les flambeaux ne parvenaient pas à conjurer. Le grand cordon bleu de l'ordre du Saint-Esprit barrait sa poitrine, une étoile de diamants la marquait à l'endroit du cœur.

A sa droite siégeait Richelieu. Le ministre était gris comme la muraille, avec des plaques rouges aux pommettes. Il trempa ses doigts de squelette dans une coupelle d'eau citronnée et les passa rêveusement dans sa barbiche qui ressemblait à un bavoir d'étoupe.

Juste en face de Louis XIII, Cinq-Mars picorait en chuchotant des choses à son voisin, élégant cavalier un peu plus âgé que lui, dont la physionomie était d'une austérité séduisante.

Selon le plan de table, il s'agissait de François-Auguste de Thou, bibliothécaire du roi.

Un peu plus loin, Baptiste aperçut un bossu qui agitait dans tous les sens sa hure de sanglier. Ce furieux s'appelait Fontrailles. On disait qu'il était l'ombre de Gaston d'Orléans. Il fixait sur le cardinal des regards aiguisés comme des poignards. L'homme rouge qui tenait la France entre ses mains face aux suppôts des Espagnols ne lui adressa qu'un seul coup d'œil mais suffisamment éloquent pour que l'insolent frissonne.

Le roi n'attendit pas la fin du repas pour se retirer Richelieu l'imita et, peu à peu, les acteurs de cette guerre étrange qui n'avait jamais cessé d'être civile refluèrent vers leurs appartements respectifs.

Quand Baptiste regagna son logis, il tombait de sommeil mais il ne put s'endormir. Le poêle ronflait comme un gros chat, l'enveloppant d'un tendre manteau de chaleur. Tout en bénissant cette intervention merveilleuse, il médita sur les labyrinthes tortueux du pouvoir.

Il n'avait jamais suivi les affaires politiques avec une grande passion. Comme son père, il pensait qu'il suffit de savoir bien lire et compter pour diriger l'État. Il en était arrivé à la conclusion, fort peu lyrique mais assez rassurante, que ce sont les hommes raisonnables qui font les bons régimes.

L'espèce de folie que mettait Richelieu dans l'art de gouverner, et contre laquelle pestaient tant de gens aujourd'hui, lui déplaisait souverainement.

En revanche, l'amour passionné que cet homme sec, avare et orgueilleux vouait au théâtre le comblait d'aise. Richelieu avait même rédigé une tragi-comédie, *Mirame*, où il mettait en scène sa victoire finale sur la reine et sur tous ses ennemis. C'était pour la produire qu'il avait fait construire le Théâtre de la grande salle du Palais-Cardinal.

Le soir de la première, durant l'hiver 1640, après le ballet follement applaudi *De la prospérité des armes de la France*, Anne d'Autriche et la cour avaient accueilli la pièce par un silence de glace.

Richelieu aurait échangé son pouvoir sur les hommes contre la maîtrise absolue des mots. Le désespoir secret du ministre de ne pouvoir écrire une œuvre immortelle, alors qu'il pouvait tout obtenir, confortait Baptiste dans sa double ambition : devenir en même temps auteur et comédien.

Abandonnant à Narbonne le cardinal épuisé, on se remit en route pour Collioure, en Roussillon, que le maréchal de la Meilleray venait d'arracher aux Espagnols et, de là, on poursuivit jusqu'à Perpignan dont la route était largement ouverte.

Baptiste et ses ouvriers partirent devant afin de tout préparer. Ils arrivèrent sous une pluie battante. Aménager la tente du roi fut un casse-tête. Les Flamands de l'équipe ne mettaient pas beaucoup de cœur à l'ouvrage, réclamant sans cesse d'autres outils, feignant de ne pas comprendre les ordres, menaçant de déserter.

Enfin, Louis XIII parut, toujours à cheval, bouillant de fièvre et d'impatience.

Après avoir pris possession de son palais de toile, il convoqua Baptiste et lui dit :

– Monsieur, vous m'avez bien servi.

Reconnaissant le tapissier du roi, Cinq-Mars qui se tenait en retrait lui décocha un sourire où l'on pouvait lire une douleur maladroitement masquée.

Le grand écuyer de France avait revêtu son armure de parade, ceinte de plusieurs cercles d'or. Un manteau de drap bleu nuit flottait sur ses épaules. Son casque, dont le triple panache était de la couleur d'une crête de coq, brillait à la lueur des flambeaux.

La nuit était tombée dans un crépitement d'eau vive et de tirs éloignés. En pataugeant dans la gadoue, Baptiste rejoignit sa tente. Elle était située aux lisières du camp, non loin du terrain vague où grouillaient filles de joie et filous, l'inévitable escorte des armées victorieuses.

Cette mêlée d'ombres et ce brouhaha de voix enivrées évoquaient les moments qui précèdent une représentation à grand spectacle.

« Me voilà sur le théâtre des opérations », se dit Baptiste avec une excitation grandissante.

Il n'éprouvait aucune peur dans cette ambiance incertaine. Seulement une infinie curiosité.

Le roi était à bout de forces mais l'énergie de combattre parvenait à donner le change à ses soldats.

Un tout récent cardinal, aussi suave et charmant que Richelieu était raide et maussade, lui tenait souvent compagnie sous sa tente. Bien qu'il eût francisé son nom en Mazarin, il gardait celui de Mazzarini pour l'Église, car il caressait l'ambition de devenir pape et seul un Italien pouvait alors y prétendre.

Une pluie lourde et grise commença de s'abattre sur le camp, roulant partout des torrents de boue, criblant de ses flèches les flamboyants pavillons qui tentaient vainement de résister à ces attaques plus meurtrières que celles des Espagnols.

Ce déluge dura douze jours. Baptiste et ses aides étaient sollicités sans cesse. Il fallait à chaque instant du linge sec, des bottes et des chapeaux neufs.

Le roi n'eut pas la patience d'attendre la chute de Perpignan. Dès la première éclaircie, il reprit le chemin de Narbonne, secoué de quintes effrayantes. Cinq-Mars chevauchait à côté de lui, la mine sombre. Tout le monde remarqua la froideur hautaine de Louis XIII à son égard. Baptiste se demandait ce qui s'était produit pour que le souverain ressente désormais la présence de son favori comme un fardeau et non plus un plaisir.

Quelque temps plus tard, alors que Baptiste se promenait dans les jardins de l'archevêché en attendant de reprendre son service, il aperçut Cinq-Mars, recroquevillé sur un banc de pierre tel un vieillard frileux.

Le marquis était vêtu avec une élégance austère d'un habit feuille morte que rehaussaient des boutons de nacre, irisés comme des libellules.

– Baptiste ! s'écria-t-il. Que je suis heureux de te voir ! Faisons quelques pas, veux-tu ?

Et, le prenant familièrement par le bras, il l'entraîna vers le bout de l'allée.

Appuyés l'un à l'autre comme de vieux amis, ils longèrent des parterres de fleurs et de hauts murs couverts de mousse.

– Quel âge as-tu, Baptiste ?

– J'ai eu vingt ans en janvier, Monseigneur.

– Deux petites années nous séparent mais j'ai l'impression d'avoir cent ans de plus que toi. Le monde me paraît tout à coup si obscur, si incompréhensible. Allons, qu'importe... ajouta Cinq-Mars, comme se parlant à lui-même. Mon père m'a toujours enseigné à faire face. Question d'honneur !

Baptiste ne savait quelle contenance adopter en écoutant ces mots énigmatiques et fatals. Son regard s'accrochait aux buissons d'églantiers, pleins de roses sauvages, suivait les nuages solennels qui roulaient dans le ciel d'encre mauve, s'attardait à quelque pierre jetée en travers de leur chemin comme un signe.

Sans citer le nom de celle dont il était follement épris, Cinq-Mars ajouta qu'il se battait pour une femme plus que pour une cause. Elle était si hardie, si généreuse, si belle aussi, à la manière des Italiennes, qu'il devait se surpasser pour en être digne.

– As-tu déjà aimé, Baptiste, aimé au point d'en

perdre toute prudence, tout repère, au point d'être prêt à offrir ton âme en échange d'un instant de bonheur ?

Cinq-Mars s'arrêta brusquement. Il posa sa main blanche aux doigts déliés sur l'épaule de Baptiste et murmura :

– Non, ne réponds pas, je connais la réponse. Vois-tu, malgré la différence de nos conditions, je sais que tu es capable de m'entendre. Adieu, puisque dans le Sud on emploie cette expression définitive pour se dire au revoir.

Et il s'éloigna en direction d'un berceau de charmes où brillaient des ombres.

Durant plusieurs semaines, Baptiste vécut dans une sorte de léthargie. Grâce aux conseils patients que son frère cadet lui avait prodigués, le travail s'accomplissait avec une facilité extraordinaire.

Il disposait ainsi de plages entières de liberté.

Il alla voir la mer, à deux lieues de Narbonne. A force de la fixer, comme disent les Gascons, il crut deviner des croupes de sirènes à la crête des vagues et des naïades au corps de perle dans le reflux de la marée.

Il se dépouilla de ses vêtements, entra dans l'eau tiède qui bouillonnait autour de lui comme un linge de naissance.

Le bain dura jusqu'au soir. Baptiste riait d'un rire enfantin qui déchaînait d'autres rires en cascade. De temps en temps, de petits poissons d'argent filaient entre ses jambes. Au-dessus de sa tête, le ciel était bleu marine, sans un nuage.

Un instant, il perdit pied mais il n'eut pas peur. Une seconde d'inattention et cette immense paume liquide l'aurait cueilli comme un fruit mûr...

Trempé, chaviré, il revint à pas lents vers la rive, se rhabilla et s'assit sur la dune. Avant de regagner Narbonne, il regarda longtemps briller à l'horizon le trident de Neptune.

Pendant la nuit du 12 au 13 juin, Baptiste entendit frapper au carreau de la fenêtre qui donnait sur la rue. Il se vêtit en hâte et, se penchant dehors, vit Cinq-Mars qui s'appuyait au mur, à bout de souffle. Baptiste le soutint pour l'aider à entrer.

– Non, ne parlez pas, supplia-t-il.

La figure de celui qu'on appelait naguère encore Monsieur le Grand, à cause de son titre de grand écuyer de France, était effrayante.

C'était celle d'un homme mort, un masque de cire que les reflets de la cheminée teintaient de longues traînées pourpres.

Cinq-Mars se laissa tomber dans un fauteuil de cuir rouge. Il regarda Baptiste au fond des yeux et murmura :

– Tout est fini ! Je viens d'assister pour la dernière fois au coucher du roi. Comme j'allais me retirer de sa chambre, un laquais m'a glissé un billet qui disait : « Il y va de votre vie. » J'ai cru reconnaître l'écriture de Louis en personne ! Je l'ai détruit aussitôt. J'ai voulu quitter la ville par là porte la plus proche mais elle était fermée. Je suis allé jusque chez une dame dont je tairai le nom. En entendant gronder la grosse voix du mari, je n'ai pas insisté. Où aller ? C'est alors, cher Baptiste, que j'ai pensé à toi. Mon chasseur qui me suivait m'a indiqué ton logement et me voilà. Je me rendrai à l'aube. Pour l'heure, je dois encore leur échapper. Je peux compter sur toi ?

– Tant que vous voudrez, Monseigneur.

– Tu sais ce que tu risques en m'hébergeant ?

– Oui, Monseigneur. Mais personne n'aura l'idée de vous chercher ici, dit Baptiste, essayant de sourire pour s'empêcher de pleurer.

Cinq-Mars évoqua son affaire comme un désespéré se livre au confesseur. Il raconta que ce furieux bossu de Fontrailles avait franchi les Pyrénées au mois de mars dernier pour négocier avec Olivarès, favori du roi et véritable maître de l'Espagne. Un traité secret avait été signé et rapporté en France.

– Je voulais que cette guerre finisse, tandis que le cardinal ne songeait qu'à la prolonger pour se rendre indispensable. Baptiste, il y a des causes qui dépassent notre pauvre vie. J'ai d'abord eu l'ambition de la gloire, l'obsession de la paix. Au moment où la fureur de l'amour venait de l'emporter, il ne me reste plus que le désir de mourir dignement. Tu peux aller dormir, j'ai des lettres à écrire, des prières à dire...

Baptiste se retira sans protester. Jusqu'au matin, il guetta la rumeur énorme que fait le silence d'un homme condamné à mort.

Il entendit juste la plume d'oie griffer le vélin, pareil au grésillement d'une mouche attirée par la chandelle, une bûche craquer dans le feu mourant et la pendulette d'argent sonner tous les quarts d'heure, comme un glas angélique.

Cinq-Mars fut arrêté devant l'une des portes de Narbonne qui était restée ouverte et qu'il avait ignorée. La garde écossaise, commandée par Jean Ceton, le conduisit à la citadelle de Montpellier.

Son ami de Thou fut enfermé en compagnie d'un autre conspirateur nommé Chavagnac au château de Tarascon.

A la fin du mois de juillet, Louis XIII rejoignit Richelieu qui l'avait précédé depuis quelque temps déjà dans cette ville. Baptiste le suivit, puisque c'était son devoir, mais il dut faire des efforts surhumains pour surveiller le chargement des voitures.

Il avait eu raison de penser qu'on n'irait jamais débusquer le fugitif chez lui. Hormis Cinq-Mars, aucun de ces grands personnages ne l'avait regardé. Même un moustique était plus important pour eux qu'un tapissier du roi. Pourvu que leur linge soit frais et leurs draps parfumés, ils n'en demandaient pas plus !

Au contraire de Narbonne qui évoquait une cité grecque, Tarascon était romaine jusqu'au bout de ses tuiles couleur de sang séché. Son nom dérivait de la Tarasque, créature amphibie surgie du Rhône et vaincue par sainte Marthe.

Son château, bâti au XVe siècle par les comtes de Provence Louis II et René d'Anjou, se dressait sur un socle de roche calcaire, ancienne île du fleuve qu'on avait taillée et isolée par des fossés vertigineux.

D'un côté se trouvaient les appartements du roi et du Premier ministre, de l'autre la basse-cour où logeaient les domestiques. Naturellement, Baptiste s'y installa.

Les bâtiments résidentiels se lovaient autour d'une petite cour intérieure. Leurs angles étaient flanqués d'une tour cylindrique au nord-est, d'une autre en fer à cheval au sud-est, d'une autre encore, rectangulaire, au nord-ouest, d'une quatrième enfin, polygonale, au sud-ouest. La muraille épaisse et haute était percée de meurtrières et surmontée de mâchicoulis.

Au sommet du château s'étendaient des terrasses fleuries d'orangers. La vue sur la campagne était merveilleuse. On apercevait même Beaucaire par beau temps sur la rive opposée.

Tout le monde savait ce qui était arrivé, la chute du favori et de son complice, ainsi que la fuite de Gaston d'Orléans, frère du roi et âme de la conspiration, à Annecy, chez sa sœur, la duchesse de Savoie.

Si personne ne disait rien, les ombres mises au secret d'Auguste de Thou et de Chavagnac rôdaient dans les esprits.

Richelieu, moribond une semaine auparavant, avait retrouvé de sinistres couleurs. Louis XIII lui témoignait à table des égards frileux. Le cardinal semblait les savourer davantage que le pintadeau farci qui était dans son assiette.

Baptiste apprit qu'on allait donner le soir même *Horace* de Pierre Corneille dans la cour intérieure du château pour fêter les retrouvailles de Richelieu et du roi. Publiée en janvier 1640, cette tragédie était une réflexion sur les horreurs de la guerre, strictement construite et rimée, qu'il avait lue avec admiration.

Dans le climat ambiant, on l'avait préférée au plus récent *Cinna*, éloge trop appuyé de la clémence. Elle avait aussi l'avantage d'être dédiée au cardinal, bien qu'après les représentations triomphales du *Cid*, il ait permis la mise en accusation du poète par l'Académie Française.

L'affaire datait de 1637.

Sans pouvoir cacher ni son admiration ni son dépit, Richelieu avait fait représenter la pièce trois fois au Louvre et deux fois devant lui. En outre, il avait confirmé la pension de Corneille et anobli son père. Mais quelque temps plus tard, quand l'académicien Georges de Scudéry s'était demandé bruyamment s'il était bien convenable d'applaudir une œuvre inspirée d'un auteur ennemi, le cardinal l'avait approuvé.

Une querelle s'était ensuivie, si misérable et si basse que Richelieu y avait mis fin par un commandement péremptoire. Et aujourd'hui, le choix d'*Horace* prouvait que le Normand n'était pas en disgrâce, malgré les pessimistes.

Bien sûr, Baptiste aurait mieux aimé entendre du Tristan L'Hermite, sous ce ciel de Provence tout chargé de parfums... Mais qui aurait osé proposer une œuvre du chambellan de Gaston d'Orléans à l'attention du roi ?

Et puis, la virtuosité, le métier sans faille, la grandeur simple et fiévreuse du jeune Corneille l'épataient. Il devait reconnaître que ce trublion incarnait l'avenir.

En attendant la représentation, il ne parvenait littéralement pas à tenir en place. Des fourmis folles s'agitaient dans ses jambes, lui donnant l'envie de danser, de sauter, de courir à perdre haleine.

Un brouhaha énorme annonça l'arrivée de la troupe. Quatre chariots bourrés jusqu'à la gueule pénétrèrent à la queue leu leu dans la petite cour du Nord, presque sous les fenêtres de Baptiste. Le bruit des roues sur le pavé était un roulement de tambours, une chamade infernale. Que n'aurait-il pas donné pour se trouver parmi ces comédiens bruyants que des toiles battantes dissimulaient encore !

Il eut envie de se mêler à leur cohorte vagabonde. En se penchant, il crut voir briller à travers les carreaux losangés une longue mèche de cheveux roux qu'une bâche brinquebalante révélait et dissimulait tour à tour. Ou bien était-ce un reflet follet du soleil de juillet ?

Baptiste dévala l'escalier à vis quatre à quatre, fit irruption dans la cour et guetta sans vergogne les comédiens qui sautaient joyeusement des chariots ou s'en extirpaient en soufflant.

Soudain, la chevelure dont il n'avait aperçu qu'un pan orangé apparut tout entière puis le visage qu'elle dérobait se tourna dans sa direction. Son cœur sauta dans sa poitrine. Madeleine était devant lui, vêtue d'une simple robe de paysanne qui flottait autour de ses formes parfaites.

Elle le regardait sans bouger, avec une attention si soutenue qu'il se mit à rougir.

– Baptiste... dit-elle d'une voix qui ne tremblait pas.

Ce n'était pas une exclamation mais une constatation naturelle. L'avait-elle donc quitté la veille ?

Baptiste pensa que la réalité lui pesait comme une lourde charrue traçant toujours le même sillon mais que, pour Madeleine, c'était un manège ébloui et léger, pareil à ces vols d'oiseaux blancs qui planaient au-dessus du Rhône.

Elle s'approcha, presque au ralenti. Derrière elle, Baptiste reconnut la boiterie élégante de Joseph. A côté de celui-ci se tenait une jeune fille d'une minceur de fée.

– Voici ma sœur Geneviève. Dans *Horace*, elle est une extraordinaire Camille. C'est davantage pour elle que pour moi que Pierre Corneille nous a autorisés à faire tourner la pièce en province et qu'il nous a tout récemment renouvelé sa confiance.

Baptiste bredouilla sans parvenir à répondre une phrase cohérente. Il était étourdi, ébloui, ébahi. Madeleine prenait son malaise délicieux à sa charge, l'entourait d'un tourbillon d'ivresse. Elle lui présenta l'un après l'autre les acteurs de la troupe. A la fin, un homme efflanqué, presque entièrement chauve, avec de gros yeux bleus à fleur de tête, lui tendit la main :

– Je suis Charles Dufresne. Madeleine m'a beaucoup parlé de vous. Il est heureux que le destin, qui est aussi errant que nous, pauvres acteurs, l'ait ramenée vers vous. A propos, pourriez-vous nous conduire à nos loges ?

– Suivez-moi, dit Baptiste.

Le flot coloré de la troupe lui emboîta le pas jusqu'aux lingeries. Ces vastes salles claires, fleurant délicieusement le frais, serviraient de vestiaire pour la circonstance.

– Viens me chercher après le spectacle, tu dîneras avec nous, lui glissa Madeleine en commençant d'ôter sa robe.

Baptiste remonta dans sa chambre, titubant de bonheur. Au bout d'un moment, des secousses irritantes soulevèrent ses paupières. Un voile sombre passa devant ses yeux.

Alors, il se laissa tomber sur son lit et regarda changer le ciel jusqu'au soir.

Salués par une salve de trompettes, le roi et le cardinal prirent place sous un dais bleu marine fleuri de lys blancs, dans des fauteuils de damas cramoisi que Baptiste avait inspectés lui-même.

Derrière eux s'installèrent plusieurs rangées de courtisans triés sur le volet. Ils arboraient des mines où se lisait la satisfaction obscène d'être débarrassé du favori ou le soulagement horrible de ne pas avoir été démasqué. L'air était chaud, voluptueux comme du velours, à peine rafraîchi par une brise légère qui montait du fleuve.

Madeleine pénétra dans le demi-cercle de la cour que le public laissait libre. Cette scène naturelle était éclairée par les rayons du soleil couchant qui semblaient lécher l'immense décor de la muraille.

Une toute jeune fille aux allures sévères vint se placer à côté de Madeleine. Elle était également vêtue d'une longue tunique à la romaine, transparente et plissée, serrée à la taille par une ceinture dorée. Elle s'appelait Catherine des Urlis et son père officiait au greffe du Conseil privé du roi.

L'action de la pièce se déroulait dans le même lieu, une salle de la maison d'Horace, à Rome, et en une seule journée. En effet, la tragédie de Corneille obéissait rigoureusement à la fameuse règle des trois unités qu'un protégé du cardinal, Jean Rotrou, avait été le premier à illustrer dans son *Hercule mourant.*

Madeleine adorait cette œuvre. Avant sa publication, elle avait adressé à son auteur un quatrain que Rotrou avait placé en tête de volume :

Ton Hercule mourant *va te rendre immortel*
Au ciel, comme en la terre, il publia ta gloire
Et laissant ici-bas un temple à ta mémoire
Son bûcher servira pour te faire un autel.

Jean Mairet avait brillamment pris la relève avec sa *Sophonisbe.* Enfin, *Le Cid* avait fait triompher cette formule et l'on eût passé pour un barbare si on avait tenté de s'y soustraire.

Quand Madeleine, qui jouait Sabine, femme d'Horace et sœur de Curiace, commença de dire à sa confidente, Julie : *Approuvez ma faiblesse et souffrez ma douleur*, il se fit le plus absolu silence. Ni le roi ni le cardinal n'esquissèrent le moindre geste. Ils paraissaient fascinés par ces créatures fantomatiques, dressées l'une devant l'autre telles des apparitions surgies du fond des âges.

Les mots sublimes que prononçait Sabine trouvaient-ils un écho chez ces puissants moribonds, déchirés eux aussi par des fidélités contradictoires ?

La représentation fut un triomphe. Geneviève, la petite sœur de Madeleine, avait fait pleurer le cardinal dans le dernier monologue de Camille. Le roi lui-même s'était tamponné plusieurs fois les paupières.

Toute la troupe vint saluer. On les rappela souvent. Louis XIII et Richelieu se firent présenter les acteurs par le bon Charles Dufresne, à peine démaquillé, puis ils rentrèrent à petits pas, liés l'un à l'autre comme la corde soutient le pendu.

Aussitôt attablé, Dufresne s'écria : « Vive Molière ! » en s'emparant d'une bouteille où pétillait un liquide rouge sombre comme du sang de taureau :

– Quoi ? sursauta Baptiste, tout pâle.

– C'est le nom de ce vin ! Qu'avez-vous donc ?

– J'ai déjà entendu ces syllabes magiques.

– Molière d'Essertine... soupira Madeleine. Tristan, dont le frère est marié à ma tante, m'a parlé de ce jeune poète, assassiné devant un cabaret il y a dix-huit ans.

– J'ignorais qu'un vignoble s'appelât ainsi, dit Baptiste.

– C'est une petite cité thermale, précisa Dufresne. De toute la France, on y va prendre les eaux. Moi, j'ai préféré soutirer quelque chose de meilleur pour la santé !

Il fit un clin d'œil qui lui démantibula la face et, désignant le gobelet d'étain qu'il venait de remplir à ras bord :

– A vous l'honneur, Baptiste.

– Oui ! Oui ! s'écrièrent les comédiens en chœur. Et ils heurtaient de leur couteau leur assiette de grès.

Riant aux larmes, Baptiste se versa une rasade et la but d'un trait. D'emblée, l'acidité du vin trop jeune le frappa. Laissant le breuvage faire son effet, il reconnut des parfums de fruits noirs, des arômes boisés, des tanins soutenus.

– J'ai été goûteur d'élixirs naguère, dit-il d'un air important. Eh bien, je vous annonce que celui-ci ne ferait pas de mal à une vierge.

– Remplissons nos verres et trinquons à la santé de notre invité, lança Dufresne à l'assistance.

Les comédiens s'empressèrent d'obéir. Malgré leur fatigue, le repas fut une fête. Le gigot fondait sous la langue, le feu dansait dans la cheminée. C'était une trêve miraculeuse que Baptiste dégustait avec délice.

Au-dehors, on entendait tonner un orage trop longtemps réprimé. Des éclairs en forme de glaive tronçonné zébraient le carreau. Les hommes de la tablée, ivres pour la plupart, n'en faisaient que plus de vacarme, se donnant de vigoureuses bourrades, lutinant les gorges crémeuses de leurs compagnes, récitant à l'envers des tirades entières de pièces oubliées.

Ce tohu-bohu menaçait de durer jusqu'à l'aube. Madeleine se leva d'un bond, svelte et farouche comme un faon. Elle s'empara de la main de Baptiste et lui souffla :

– Emmène-moi !

Pour gagner le premier étage, ils empruntèrent l'escalier à vis. Parfois, ils manquaient une marche et se raccrochaient à la corde élimée. Ils ne pouvaient s'empêcher de se toucher partout, de se jeter des fous rires à la face, mêlant leurs haleines brûlantes dans des esquisses de baisers.

Ils arrivèrent ainsi jusqu'à la chambre de Baptiste.

Madeleine s'adossa au mur, parfaitement immobile, les bras ballants. Baptiste vit avec surprise qu'elle tremblait.

– J'ai un peu froid, dit-elle seulement.

Ils roulèrent sur le lit, s'amusant à lutter. Madeleine l'immobilisa d'une prise adroite. Vaincu, il ferma les paupières.

– Non, regarde-moi ! ordonna-t-elle d'une voix rauque.

Le bougeoir éclairait de profil son visage noyé dans ses cheveux. Elle ressemblait à la sainte pécheresse dont elle portait le prénom. Ils s'agrippèrent longtemps des yeux et Baptiste finit par murmurer :

– Fais de moi ce qui te plaira.

Madeleine ne se le fit pas dire deux fois. Elle le dévêtit en un tournemain puis se débarrassa de sa robe d'un geste vif. Elle avait un peu grossi et cela lui allait bien. Sa peau incroyablement douce sentait le foin et la forêt.

Après avoir fait l'amour avec autant d'imagination que de frénésie, ils bavardèrent, nus l'un contre l'autre, s'enivrant de leurs voix accordées.

Baptiste eut la tentation de l'interroger sur la manière dont elle s'était évanouie dans la nature, l'année passée, sans un adieu, sans une explication.

Et puis, il eut peur de ce qu'il entendrait. Peut-être avait-elle renoué le temps d'une saison avec le comte de Modène et celui-ci l'avait-il de nouveau laissée choir ? Peut-être une foucade l'avait-elle éloignée du maladroit soupirant qu'il était alors ?

La voix de Madeleine, assombrie par les longues tirades qu'elle avait eu à dire, le tira de sa rêverie morose :

– Tu es toujours décidé à changer de métier, n'est-ce pas ?

– Plus que jamais. Un comédien n'est guère mieux vu qu'un domestique mais on est libre, au moins.

– Notre tournée se termine après-demain, continua Madeleine. Ensuite, la troupe se séparera pour de bon. Plusieurs de nos compagnons en ont assez de tirer le diable par la queue. Ils ont décidé d'aller chercher fortune ailleurs. Notre protecteur, le duc d'Épernon, qui gouverne la Guyenne, devient sourd comme un pot dès qu'il s'agit d'argent. Dufresne ne veut pas quitter le Sud. A force de l'arpenter en tous sens, il le connaît comme sa poche. Il s'y est taillé une réputation enviable, tandis qu'à Paris, hélas, tout le monde l'a oublié ! Moi, j'ai un grand projet dans la capitale, auquel je veux t'associer. Que dirais-tu d'un théâtre à nous, un vrai ?

– Magnifique ! s'écria Baptiste, bouillant d'un enthousiasme qui n'avait jamais mieux mérité son étymologie de « réunion en Dieu ».

– Quand penses-tu être de retour à Paris ?

– Cela dépend du roi mais je crois qu'il ne tardera pas à plier bagages. Il a beau avoir lâché son favori, le chagrin et le remords le rongent et il en veut à mort au cardinal.

– Je vais m'installer quelque temps chez ma mère, rue de la Perle, juste à côté de ma petite maison. Dès que tu pourras, viens me retrouver...

Madeleine soupira comme une enfant qui rêve et s'endormit aussitôt. Après avoir ramené le drap sur elle, Baptiste se laissa glisser à son tour dans un sommeil de bienheureux.

L'Illustre-Théâtre

Septembre 1642 fut un mois somptueux. Baptiste avait retrouvé la capitale avec gourmandise. Il allait revoir Madeleine et ne plus la quitter !

Cette perspective riante avait été assombrie par l'annonce de l'exécution de Cinq-Mars et d'Auguste de Thou à Lyon. Tel un nouvel Icare, le favori du roi s'était brûlé les ailes au soleil de la gloire. *La Gazette de France* disait qu'il était mort avec un détachement souverain.

La maison des Halles était toujours aussi humide et sombre. Jean Poquelin couvrit son fils aîné de compliments, fait rarissime. Baptiste le reconnut à peine tant il avait grossi. Lui qui arborait naguère une maigreur prophétique effrayait à présent par un excès de chair

Jean le jeune, aidé quelquefois par Nicolas, usait sa vie dans la boutique ou dans les ateliers. Magdelon, qui allait sur ses quinze ans, s'était amourachée d'André Boudet, fils d'un tapissier voisin, moins riche que Jean II mais redoutable en affaires. Elle devenait plus coquette que Marion de Lorme en personne, changeait d'habits ou de coiffure plusieurs fois par jour, se mirait dans la glace avec des tournoiements ralentis de danseuse de Delphes.

Quant à la petite Catherine-Espérance, elle était en proie à de soudaines extases qui la laissaient frissonnante comme au sortir d'un bain glacé.

– Je serai religieuse, annonça-t-elle à Baptiste en le regardant de ses grands yeux d'azur pâli.

Puis, voyant sa mine défaite, elle se jeta à son cou.

– Pardonne à ta petite sœur.

– Ma chérie ! bégaya-t-il et des larmes piquèrent ses paupières. Puis, se forçant à sourire, il ajouta : Prie pour moi quand tu seras là-bas, on ne sait jamais, après tout !

La mère de Madeleine, Marie Hervé, accueillit Baptiste rue de la Perle comme s'il faisait partie de la famille.

Elle avait un visage tout en angles aigus, des petits yeux noirs perçants qui devaient voir la nuit, des pommettes saillantes, un menton pointu. Sa voix aussi possédait quelque chose d'effilé, d'acéré. Un réseau de rides très fines sillonnait sa peau, lui donnant l'aspect d'une dentelle à jours.

A côté d'elle, un jeune garçon qui devait être Louis, le plus jeune frère Béjart, tenait dans ses bras un enfant minuscule aux joues de porcelaine, aux cheveux filasse d'un roux ardent.

– Voici le souvenir que m'a laissé mon homme avant de trépasser, dit Marie Hervé. Enfin, avoir une petite fille si tard, cela vous rajeunit. Armande, fais risette à Baptiste !

– Qu'elle est menue... s'écria-t-il.

– Nous l'appellerons donc mademoiselle Menou, décida Madeleine avec un enjouement qui lui parut forcé.

L'apparition soudaine de ce bébé le plongeait dans une perplexité qu'il jugea prudent de ne pas approfondir.

– Je suis maîtresse lingère, reprit fièrement la mère de Béjart, et j'ai bien connu ta grand-mère, Agnès Mazuel. Elle habite toujours sa maison à l'enseigne de sainte Véronique dans la friperie des Halles ?

– Oui, dit Baptiste. Mais je ne la vois pas souvent.

– Elle avait l'œil, mon garçon, tu peux me croire ! Ce n'est pas elle qui aurait pris de la futaine pour de la finette ou de la faille pour du taffetas, comme tant de nigaudes aujourd'hui !

En épousant son magistrat de mari, dont elle portait toujours le deuil depuis un an, la mère Béjart avait aussi contracté sa passion du théâtre. Elle annonça solennellement, devant ses enfants et Baptiste réunis, qu'elle participerait à cette grande aventure comme son regretté Joseph l'aurait fait.

– Je t'en prie, ne sois pas gênée. Puisque je te dis que ton père l'aurait fait ! Parlons plutôt du fond de l'affaire. D'abord, comment vous appellerez-vous ?

– Tiens, c'est vrai, bégaya Joseph.

– Tais-toi, coupa Madeleine, laisse-nous réfléchir.

Vexé, Joseph enfonça son chapeau sur sa tête et feignit de dormir.

– J'ai trouvé ! annonça Baptiste, après un court silence.

– Dis-nous vite... supplia Madeleine.

– Que pensez-vous de l'Illustre-Théâtre ? Cela ne promet-il pas des illuminations triomphales ?

– Bien joué ! s'écria Madeleine en battant des mains.

Joseph souleva son feutre et grogna une vigoureuse approbation.

– Si nous échouons, ce nom magnifique ne deviendra-t-il pas d'un ridicule achevé ? s'inquiéta Geneviève.

– On peut trouver qu'il sonne comme un défi, le désir trop affiché d'une gloire immédiate, concéda Marie Hervé. Pourtant, cette audace me plaît.

– C'est un avertissement adressé à nos futurs ennemis, expliqua Madeleine, non sans emphase. Comment as-tu trouvé si vite ?

– Simple association d'idées, répondit modestement Baptiste. Quand j'étais enfant, j'aimais lire avant de m'endormir les *Vies des Hommes illustres* de Plutarque. Je me suis souvenu aussi du titre d'un roman de Scudéry, entendu chez Marion de Lorme, *Ibrahim ou l'Illustre Bassa*. Enfin, pour faire le pédant, je dirai qu'illustre vient du latin *illustrare* qui veut dire éclairer. N'est-ce pas la première vocation du théâtre ?

Se tournant galamment vers la mère Béjart, il ajouta :

– Évidemment, je n'exclus pas que vos raisons puissent expliquer une trouvaille aussi prompte.

Le ciel s'assombrit soudain, les vitres se couvrirent d'un voilage de vapeur. Marie apporta une lampe à huile de fer forgé qu'elle alluma d'un geste sûr et qui diffusa autour de la table cette lueur intime propice aux conspirations.

– A présent, mes enfants, je vais me retirer dans ma chambre. Je me sens un peu lasse et vous avez à discuter.

Elle prit congé dans un froissement de jupes après avoir confié la petite Armande à une servante qui l'emporta vers son domaine, parmi des éclats de rire et des gigotements.

– Nous sommes donc trois pour commencer, dit Madeleine. Il nous faudrait encore seulement cinq ou six personnes de confiance et de talent. Catherine des Urlis, qui fut une si belle Julie dans *Horace*, nous rejoindra bientôt. Je connais un jeune greffier que j'ai croisé l'an dernier chez un procureur du Châtelet et qui brûle de monter sur les planches. Orphelin très tôt, il s'était résigné à faire le gratte-papier. Il y mettait si peu d'entrain que son patron vient de le jeter à la rue. Le voilà libre ! Il s'appelle Nicolas Bonnenfant et il est en effet le meilleur enfant du monde. Je le verrais bien dans les rôles d'ingénu. De même ai-je l'accord d'un voisin libraire, Denis Bey, dont le frère Charles a si bien décrit les manies de ce siècle dans son *Hôpital des fous*.

– Et la sœur de notre voisin menuisier, Madeleine Malingre, ne fait-elle pas du théâtre à ses moments perdus ?

– Oui, sous le nom de demoiselle Saint-Marcel, confirma Madeleine.

– Vu ses formes généreuses, elle était forcée de prendre un pseudonyme ! plaisanta Geneviève. Enfin, elle sera parfaite en matrone ou en commère.

– Il y aussi Germain Clérin, dit Madeleine. C'est le cousin d'une actrice que j'ai côtoyée au Marais. Je l'ai vu jouer en privé. Il a du coffre et de la présence.

Elle compta sur ses doigts comme une écolière appliquée :

– Cela fait huit, à condition que tous acceptent. Après tout, ils ne sont que dix au Marais ! Je propose que nous arrêtions là et que nous nous retrouvions quand nous serons au grand complet. Cela risque de prendre du temps, mais si c'était facile, ce serait tellement moins excitant !

Une nuit pluvieuse commençait à tomber. Madeleine raccompagna Baptiste. Avant de le quitter, elle lui demanda à brûle-pourpoint :

– Quand parleras-tu à ton père ?

Cette question le fit frémir. Il savait qu'un jour ou l'autre il serait obligé d'annoncer son désistement.

Mais il pressentait les violences qu'entraînerait ce choix.

Après l'équipée qu'il venait de vivre à la suite du roi et avant l'aventure qui l'attendait aux côtés de Madeleine, il désirait poser son bagage, reprendre son souffle, rassembler ses esprits.

Le 4 décembre 1642, à 10 heures du matin, Richelieu expira. Il avait eu le temps de triompher de ses ennemis qui, selon son propre mot de la fin, avaient toujours été ceux de l'État avant d'être les siens.

Noël passa comme un rêve blanc dans la maison des Halles. C'étaient les derniers jours de Baptiste en famille. Quand retrouverait-il cette communion fragile ? Avec une nostalgie douce-amère, il profitait de ces moments volés au chagrin.

Pour la nouvelle année, Baptiste fut convié chez les Béjart. Quand il arriva, Louis et la petite Armande étaient déjà couchés. Jusqu'à minuit, ce ne furent que rires et chansons.

Calée dans son fauteuil garni d'un gros coussin de soie, la mère Béjart regardait danser cette jeunesse en hochant la tête d'attendrissement.

Désirant faire un vœu, elle trempa ses lèvres dans une coupe de champagne. Madeleine s'en mit une goutte derrière les oreilles. Elle rayonnait d'une joie franche, sans apprêts. Jamais cette comédienne accomplie, qui savait tout jouer, n'avait paru plus naturelle et plus gaie. L'amour partagé la douait d'une énergie farouche. Elle ne doutait pas qu'avec Baptiste elle soulèverait des montagnes.

Baptiste termina la nuit rue de la Perle. Il avait trop bu. Les murs de la chambre, couverts de tapisseries à bocages, tanguaient devant ses yeux.

« J'ai déjà trop attendu, se dit-il, en respirant le parfum de forêt des cheveux de Madeleine qui lui balayaient les joues. Dès demain, je parlerai à mon père. Advienne que pourra ! »

Baptiste se jeta aux genoux de Jean Poquelin et les entoura de ses bras tremblants.

– A quoi rime cette comédie, mon garçon, tu ne te sens pas bien ?

– Je vous supplie de me pardonner la peine que je vais vous causer.

– Relève-toi, voyons, et parle sans crainte ! dit Jean II d'un ton bourru où perçait de la tendresse.

Baptiste s'installa du bout des fesses sur une chaise cannelée, prit une longue inspiration et débita d'une seule traite, comme une tirade héroïque, ce qu'il avait à dire.

Certes, commença-t-il, l'honneur d'être tapissier du roi était immense mais trop de rituels vides, de fatigues vaines et d'humiliations diverses lui faisaient cortège.

Il ajouta que son frère ne demandait pas mieux que de se charger de ce fardeau. Nul ne ferait les frais de sa renonciation. Au contraire, tout le monde y trouverait son compte. Jean était inventif, scrupuleux, et Nicolas semblait suivre ses traces. Avec eux, la maison Poquelin ne risquait pas de péricliter.

Donc, il était temps pour lui d'obéir à une vocation qui, malgré ses dangers, rendrait sa vie digne d'être vécue.

– Voici pourquoi, mon père, je veux être comédien.

Alors, un gémissement de tigre blessé s'éleva et Baptiste s'interrompit. Il s'attendait à de la colère, pas à du désespoir.

Ce fut bref et dévastateur comme un raz de marée. Jean Poquelin était plié en deux, des plis tremblaient sous son menton, ses bajoues grelottaient.

– J'avais placé toute ma confiance en toi et voilà que tu choisis de te faire saltimbanque ! parvint-il à dire entre deux hoquets. Sais-tu bien que tu seras excommunié, que durant toute ta vie on te regardera comme un phénomène de foire et qu'à ta mort on te jettera en terre comme un chien galeux ?

– Je le sais.

– Tu comprends bien que tu ne peux pas rester ici une minute de plus ?

– Oui, mon père.

– Je te verserai ta part de l'héritage de ta mère. Elle doit s'élever à 630 livres. Considère-la aussi comme une avance sur le mien, qui te reviendra sans doute plus tôt que prévu.

Jean Poquelin fit un signe épuisé de la main puis renversa la tête en arrière, les yeux clos, le teint cireux.

Baptiste referma la porte derrière lui avec autant de précautions que s'il quittait la chambre d'un agonisant.

Il avait le cœur serré mais, en même temps, il était soulagé. A présent, plus rien ne pouvait l'arrêter.

Il alla s'installer avec Madeleine au Chapeau-de-rose. Ils passaient de longues heures dans les bras l'un de l'autre, devant un bon feu de sarments qui craquait dans la cheminée. Baptiste ronronnait d'aise en fixant le ballet frénétique des flammes.

C'était la vie cachée que célébrait son maître Gassendi. Leur violente passion changeait de nature au fil des jours. Elle devenait une amitié supérieure, outrepassant la différence des sexes et des tempéraments, une inlassable conversation entre deux énergies tendues vers un même but.

Baptiste voulait jouer la tragédie. Il lui semblait que les rôles de héros le poseraient davantage aux yeux de son amante que les emplois de bouffon. N'avait-elle pas été séduite par le comte Esprit de Modène, cette tête brûlée qui savait tourner les compliments aussi bien que sa rapière ?

Quand il lui fit part de son désir, elle lui répondit, un brin sentencieuse :

– Si les pleurs vident l'esprit, les rires y plantent des clous. On se souvient d'une émotion mais on ne parvient pas toujours à dire ce qui l'a fait naître. Alors que les plaisanteries collent à la mémoire comme des rappels à l'ordre.

– Sans doute... disait Baptiste.

A vingt-deux ans, Madeleine avait traversé des épreuves redoutables. Il se sentait un peu son écolier et il était béat d'admiration devant sa parfaite maîtrise corporelle, son mépris des intrigues, sa façon de ne pas transiger.

Quelquefois pourtant, la féminité sauvage et lunatique de Madeleine reprenait le dessus et il ne reconnaissait plus sa bonne camarade.

Un soir, il murmura à son oreille :

– Ne trouves-tu pas que notre théâtre est un peu notre premier enfant ?

Il la sentit tressaillir contre lui et s'écarter, pâle comme une accouchée.

– Mais qu'ai-je dit ?

– Rien, Baptiste, tu es un étourdi, répondit-elle en lui ébouriffant les cheveux. Mais ne me parle plus d'enfant ! Jamais, tu m'entends ?

Elle paraissait blessée au plus vif de sa chair. La mine défaite, elle tripotait sa robe, lissait son ventre plat.

Baptiste était désemparé. Décidément, Bernier avait raison. Se lier aux femmes, c'était se lier au vent.

L'enrôlement des acteurs cités lors de la première réunion ne fut pas une mince affaire. Il ne fallut pas moins de trois mois pour y parvenir.

Comme prévu, Catherine des Urlis que ses parents venaient d'émanciper, s'était présentée chez les Béjart dès la fin septembre. Peu de temps après, Madeleine Malingre, malgré son âge et son embonpoint, avait sauté sur place comme une petite fille quand on était venue l'enrôler.

Vers la même époque, le libraire Denis Bey confirma sa participation.

Début mars, après de longues et infructueuses recherches, Nicolas Bonnenfant fut enfin retrouvé.

Cueilli au saut du lit chez son logeur, rue des Maçons-Sorbonne, il accepta sans faire de façons d'entrer dans l'Illustre-Théâtre.

En avril, Madeleine contacta Germain Clérin, guigné à la fois par l'Hôtel de Bourgogne et par celui du Marais. Il mit trois bonnes semaines à se décider, voulant se réserver tous les rôles de héros. Usant de son charme et de son bagout légendaires, elle lui expliqua qu'il ne perdrait rien à subir la concurrence alternée de Baptiste ou de Joseph et que, au contraire, son exemple ne manquerait pas de les bonifier. Si bien qu'il finit par rendre les armes.

Le 14 mai 1643, à Saint-Germain, Louis XIII mourut, ayant survécu cinq mois à son premier ministre. Une période d'instabilité s'ouvrait. La régente, Anne d'Autriche, une brune dolente de quarante-deux ans, nomma aussitôt le charmant Mazarin chef de ses conseils.

A un homme de rigueur et de combat succédait une créature d'intrigue, d'une séduction toute latine. Baptiste avait croisé le nouvel homme fort du royaume au siège de Perpignan et lui avait trouvé la figure la plus aimable et la plus dissimulée du monde.

– C'est Scaramouche au pouvoir ! se dit-il en lisant la gazette de Théophraste Renaudot.

Il était attablé *Au Cochon ravi*, rue Ticquetonne, l'auberge où il venait enfant, après le spectacle, en compagnie de son grand-père et de son professeur.

L'irruption de Cyrano de Bergerac mit fin à sa rêverie.

Derrière le bouillant poète tanguait un drôle de personnage, aussi rond et volumineux qu'une barrique, harnaché d'un pourpoint de buffle, coiffé d'un chapeau de feutre à plumes de faisan et chaussé de hautes bottes en entonnoir. Ses dents étaient les plus éclatantes du monde. Il les exhibait volontiers, ce qui créait un contraste étonnant avec son teint de brique. Dans les replis de son manteau, on pouvait apercevoir un luth, retenu par une corde à l'épaule.

– Bonjour, Baptiste ! s'exclama Cyrano. Où diable étais-tu passé ? Permets-moi de te présenter Charles d'Assoucy, empereur du burlesque ! Ses parodies des grands auteurs antiques sont à se tordre. Quand il les publiera, je suis sûr que Virgile, Ovide et les autres s'en amuseront autant que nous dans leur tombeau.

– Cyrano, c'est trop de compliments ! minauda d'Assoucy. Je n'y peux plus tenir.

– Eh bien, prends ton luth et improvise-nous un prélude dans ce ton bémol enrhumé que tu as inventé et dont Saint-Amant est si jaloux. La-ré-fa-la-ré-fa.

De ses doigts boudinés, d'une agilité extraordinaire, d'Assoucy égrena des accords furtifs comme des baisers volés. Il mettait dans son jeu tant de délicatesse et de flamme que les conversations s'arrêtèrent.

Des buveurs firent cercle autour d'eux mais les yeux furibonds de Cyrano les dissuadèrent de s'incruster. Si la musique adoucit les mœurs, elle exerçait sur lui l'effet inverse. Son ami avait à peine rengainé son instrument qu'il ouvrit les hostilités.

Il s'en prit d'abord à Gassendi :

– Dire qu'il est aujourd'hui professeur au Collège royal ! Ce prétendu savant n'est qu'un dévot barbare qui veut toujours avoir raison. Je n'ai pas besoin de ces calculs pour aller dans la lune, il me suffit de quelques bouteilles de rosée. Et puis, son Épicure, je commençais à en avoir soupé ! J'ai déjà eu le pédant Grangier sur le dos et ne peux plus souffrir cette espèce. A propos, as-tu des nouvelles du petit Chapelle ?

– Je n'ai guère le temps de le voir en ce moment.

– Tu fais bien ! Ce méchant oiseau se prend pour un aigle alors qu'il appartient à l'espèce maudite des charognards. Ce qu'il appelle « ses poèmes » sont les fruits pourris de ses rapines. Le sacripant ose même citer quelques-uns de mes vers sans mettre de guillemets, comme s'ils étaient de lui.

– Il est bien jeune encore... risqua Baptiste.

– La belle excuse ! Moi, à quinze ans, je me battais déjà sans demander le secours de personne, maugréa Cyrano. Quand on prétend écrire, il faut une imagination toute fraîche, un ton réellement insolite. Je réclame des gaillardises où bat le cœur du présent, pas ces vieilles lunes qu'on rafistole en les adaptant au goût du jour.

– Si nous allions nous dégourdir sur le Pont-Neuf ? proposa d'Assoucy pour dévier le cours de cette fureur.

– L'idée est excellente, approuva Cyrano. On parle beaucoup d'un montreur de marionnettes.

– Brioché ! l'interrompit d'Assoucy. Ses pantins sont criants de vérité.

Ils sortirent.

Le printemps, cet artiste de génie, peignait Paris de couleurs si pimpantes que la vieille cité semblait toute neuve.

Cyrano avançait en pestant. Plus myope qu'une taupe, il se guidait sur le bout de ses bottes pour ne pas marcher à reculons. D'Assoucy ondulait des hanches avec la grâce d'un ours polaire et Baptiste fermait le ban d'un pas décidé, un large sourire aux lèvres.

Ils arrivèrent en vue du petit théâtre de Brioché, à la descente du pont sur la rive gauche, tout près d'un logis appelé le château Gaillard. Des laquais en livrée étaient attroupés devant la scène, masquant le spectacle qui battait son plein.

Cyrano essaya de fendre cette rangée compacte. Il fut reçu par des jurons, des coups de coude dans les côtes et même par une gifle dont son nez fit les frais.

Aussitôt, tirant sa flamberge, il s'époumona :

– A moi, saint Georges ! A moi, Bayard !

Les gueux résistèrent d'abord vaillamment. Mais que pouvaient leurs bâtons contre le héros qui avait estourbi cent malandrins à lui tout seul, au pied de la tour de Nesles, de galante et sinistre mémoire ? Devant les moulinets de Cyrano, ils n'eurent d'autre ressource que de s'égailler comme une volée d'hirondelles.

L'un d'eux pourtant, plus téméraire ou plus inconscient, refusait d'abandonner. Fagoté d'un chapeau à vigogne, d'une fraise à la Médicis et d'un pourpoint râpé, il sautait, battait des mains, montrait les dents.

Avant que ses compagnons aient eu le temps de l'en empêcher, Cyrano, perdant patience, l'embrocha d'outre en outre. Le valet s'écroula avec des couinements navrés en se tenant le flanc gauche.

Brioché, que le bruit avait attiré hors de son théâtre, se laissa tomber dans la poussière à côté du cadavre.

– Fagotin... balbutia-t-il, mon petit Fagotin.

Il s'arrachait les cheveux, déchirait sa chemise et de grosses larmes roulaient sur ses joues. En proie à un doute affreux, Cyrano se pencha pour mieux voir.

Sa méprise le jeta dans la consternation. L'insolent qu'il venait de transpercer de son épée n'était autre que le macaque du marionnettiste !

Fagotin gisait sur le dos. Un sourire grimaçant découvrait ses dents jaunes. Brioché lui ferma les yeux et lui croisa les doigts sur le ventre, comme on le fait aux trépassés qui sont morts chrétiennement.

– Je vais vous dédommager pour cette perte affreuse, dit Cyrano de sa voix nasillarde.

Il agita sa bourse vide sous le nez du pauvre homme :

– Voulez-vous être payé avec des poésies ou en monnaie de singe ?

Toujours effondré dans la poussière, Brioché l'envoya au diable. Il bégayait de douleur.

Lentement, Cyrano essuya la pointe de son épée puis, avalé comme par une brume sanglante, il s'éloigna vers les quais.

A présent, on avait emporté le petit corps raidi et Brioché le veillait dans l'intimité de ses coulisses d'ombre.

Baptiste était bouleversé. Devait-il voir un signe dans la fin tragique de Fagotin ?

Il se souvint du pilier qui faisait l'angle du pavillon des Halles où il était né et de la joie qu'il avait, tout enfant, à voir bondir les sapajous de branche en branche, sur leur oranger sculpté.

– Nous, artistes et comédiens, nous sommes tous les singes de quelqu'un, murmura d'Assoucy.

Ses yeux s'allumèrent d'une lueur étrange. Il eut brusquement la figure du grand veneur de la forêt de Fontainebleau, dont la rencontre avait rendu fou le roi Charles VI.

D'une voix qui semblait avoir voyagé au pays des farfadets et des larves, il évoqua l'avenir de Cyrano :

– Sa mort sera plus absurde encore que celle de Fagotin et, pendant plus de deux siècles, son nom tombera dans l'oubli. Il n'en sortira qu'au prix d'une trahison, grâce à cinq actes en vers qui couvriront leur auteur de gloire et de richesse.

En effet, Cyrano de Bergerac rendit l'âme le 25 juillet 1655 après avoir heurté une poutre du front, et la pièce d'Edmond Rostand est l'une des plus jouées aujourd'hui dans le monde.

Quant à Charles d'Assoucy, il devait passer son existence à fuir, pourchassé par la misère et la calomnie. Et dans les années 1650, pour échapper à la maréchaussée, il lui arriva de faire le figurant dans la troupe de Molière, sur les routes paisibles du Languedoc.

Début juin, ayant arpenté la rive gauche en tous sens, Madeleine Béjart apprit qu'il y avait une salle à louer du côté de la porte de Nesles, sur un terrain coincé entre la Seine et le fossé.

C'était une sorte de hangar qui servait au jeu de paume. Son ancien propriétaire, Arnould Métayer, logeait dans une maison branlante, située juste en face. Ce vieux misanthrope avait vendu toutes ses parts à sept notables du quartier. L'un d'eux, Noël Gallois, était chargé de recueillir les créances. C'est donc avec lui que Baptiste alla traiter.

L'affaire se fit en plein air, comme sur les marchés. A l'intérieur, les balles rebondissaient dans un bruit de chamade furieuse.

Le gérant ressemblait à un lutin de conte de fées. Ses yeux pétillaient de malice et, malgré sa taille raccourcie, il ne manquait pas d'allure.

– Je veux une galerie de quinze toises de long, dit Baptiste d'entrée de jeu, et une scène de six toises de large environ. Le parquet doit être en pierre et les murs peints au noir d'Espagne. Si vous pouvez m'assurer que tout sera prêt pour l'hiver prochain, je suis disposé à signer dès ce jour un bail de trois ans qui commencera le 12 septembre, en même temps que le début des travaux d'aménagement.

Noël Gallois secoua vigoureusement sa tête chauve :

– N'ayez pas d'inquiétude. J'ai travaillé avec tous les corps de métier du quartier et je ne m'en suis jamais plaint. Vous ouvrirez à temps, faites-moi confiance ! Pour le bail, mes associés et moi avons pensé à trois ans, cela laisse à tout le monde le temps de voir venir. Quant au loyer, nous l'avons fixé à 1 900 livres, payables par douzaine, et d'avance. Nous sommes d'accord, monsieur Poquelin ?

– Tope là, monsieur Gallois !

Baptiste revint à pas lents. Il avait envie de danser. Un brouhaha d'alexandrins bourdonnait dans sa tête. Les comédiens se déplaçaient sur la scène en une géométrie vibrante. La lumière fumeuse des flambeaux nimbaient leurs attitudes, enchâssaient leurs paroles dans un écrin mystérieux. Les spectateurs massés ne formaient plus qu'un seul corps, compact et silencieux, tels les servants d'une cérémonie sacrée.

Il en était là quand il entendit crier son nom.

C'était Georges Pinel. Il avait toujours son visage de chouette crépusculaire, à peine chiffonné par le temps, mais une large balafre mal recousue, couleur de bœuf cru, lui barrait la joue droite.

– Souvenir cuisant d'un malentendu, commenta-t-il sobrement. Cela m'a donné l'idée de mon pseudonyme. Sur la scène, je me fais appeler La Couture. C'est simple, net, brutal comme le coup de sabre qui m'a taillé la peau.

– Vous vous souvenez de vos paroles avant de partir, il y a déjà huit ans ?

– Vaguement, mon petit, vaguement.

– Pour me consoler, vous avez dit qu'au moment voulu par les dieux nous nous retrouverions. Eh bien, voilà qui est fait. Loué soit Jupiter ! Mais, mon cher professeur, à présent que je vous tiens, pas question de vous laisser filer.

Pinel renifla et, d'un air inquiet, assura de grosses lunettes sur son nez.

– Ce qui signifie ?

Baptiste éclata de rire et, en quelques mots, le mit au courant de ses projets.

– J'accepte avec fierté de vous rejoindre, lança La Couture d'une voix formidable qui fit tressaillir les passants.

Ils déambulèrent ensemble jusqu'à la Seine. Le fleuve était désert et lisse. Aucun baigneur n'en rayait la surface. Comme il faisait de plus en plus chaud, ils allèrent se rincer le gosier à la terrasse de *L'Ame-du-Chou*, rue Tirechappe.

Baptiste fit un portrait en taille-douce de sa vie et de ses espoirs.

– Une compagnie théâtrale est un corps vivant, dit-il. Chacun de ses membres est nécessaire au bon fonctionnement de l'ensemble. C'est la famille dont j'ai toujours rêvé.

– Enfin, c'est aussi l'aventure, s'enflamma Pinel, la découverte de publics différents chaque soir, l'écho multiplié des salles obscures, l'atmosphère poisseuse et enchantée des foires, le rebond permanent du corps et de l'esprit.

– Quand je pense que mon ami Bernier cherche au bout de la terre ses îles chimériques ! Alors qu'elles sont là, devant nous, à portée de la main.

La troupe au grand complet se retrouva le lendemain rue de la Perle pour un déjeuner de pâtés et de volailles, arrosé de plusieurs bouteilles de bordeaux clairet.

Quand ils furent tous assis derrière la grande table en chêne, Baptiste passa furtivement en revue les nouveaux arrivants.

En face de la mère Béjart siégeait Denis Bey, le doyen. Il était d'une si haute taille qu'il se penchait sans cesse, d'un air égaré, comme pour éviter de heurter un chambranle imaginaire.

Assis, il se redressait au contraire de toute sa taille, toisant tout le monde d'une façon trop appuyée à cause de sa vue faible. Son principal atout, c'était sa voix de basse-contre, extraordinairement profonde, qui semblait sortir d'un sépulcre.

Madeleine Malingre ressemblait à une marieuse du siècle d'or, une espèce de Célestine gavée de pâtisseries. Vêtue d'une robe noire à fraise de dentelle, elle était d'une rondeur qui rassurait, d'une gaieté bienveillante.

Mais soudain, sans crier gare, elle changeait de physionomie. Sa bouche se pinçait, ses narines palpitaient, ses petits yeux noirs bondissaient dans leurs orbites et elle se figeait sur sa chaise comme si quelque danger la guettait. A près de soixante ans, elle avait peur de tout, sauf quand elle était sur scène.

Elle avait beaucoup joué en France et à l'étranger. Jamais de très grands rôles mais des utilités, ces petits emplois qui portent bien leur nom et dont elle s'était toujours tirée à son honneur.

Nicolas Bonnenfant avait des traits assez jolis mais un peu mous, de grands yeux pâles, des gestes rares, vite découragés, une voix de fausset lunaire. Toute sa personne dégageait un mystère assez irrésistible.

Catherine des Urlis n'avait pas changé, belle et hautaine, et d'une maturité éclatante, malgré ses dix-sept ans.

Le tragédien Germain Clérin la mangeait des yeux sans vergogne. Il était si sûr de lui qu'il ne craignait pas d'être importun. Son visage offrait des contours trop marqués. C'était un paysage tourmenté, tissé d'ombres et de clartés, où les deux fentes bleues des paupières laissaient filtrer un regard froid de dompteur. Sa voix présentait beaucoup d'affinités avec celle de Denis Bey, en moins caverneux pourtant, plus velouté.

Et bien sûr, La Couture était là, effrayant et bonasse, s'empiffrant de charcuteries sans regarder personne, sauf pour adresser un clin d'œil à Baptiste entre deux bouchées.

L'atmosphère mit un certain temps à se dégeler. Puis, la chaleur émolliente qui entrait par les fenêtres ouvertes, le beau soleil rutilant sur les toits d'en face, le bourdonnement de la lumière dans l'air de juin finirent par faire leur effet.

Les habits se déboutonnèrent, les manches se retroussèrent, les gorges se dénouèrent. Dans les vapeurs du vin et les fumets des viandes, un lien se tissa peu à peu entre ces comédiens aux parcours si différents, aux âges si opposés, aux talents si divers.

Madeleine Béjart chargea solennellement Baptiste d'établir pour la nouvelle compagnie des statuts équitables et rigoureux. Ce ne serait pas pour rien qu'il aurait usé ses fonds de culotte sur les bancs de la faculté, devant des épouvantails en toge marmonnant du latin !

Après le repas, on lut quelques passages de la nouvelle pièce de Tristan L'Hermite dont Madeleine venait de recevoir une copie, *La Mort de Sénèque*.

Il fut évident aussitôt que le rôle du vieux philosophe sacrifié par Néron devait revenir à Denis Bey, et Madeleine arracha des larmes en Épicharis, l'indomptable affranchie menant la lutte contre le tyran.

Presque sans transition, on passa ensuite aux *Vendanges de Suresnes*, une pastorale comique de Du Ryer, déjà ancienne et que tout le monde connaissait.

Georges Pinel impressionna Baptiste en Crisère, potentat domestique, égoïste et avare, fier d'être un riche bourgeois et peu pressé de marier sa fille à un cossard de gentilhomme. Le vieux professeur le jouait de l'intérieur, avec une rudesse bonhomme, une violence étouffée, qui rendaient le personnage encore plus terrifiant.

Madeleine fut piquante dans le rôle de sa fille Dorimène. Décidément, elle savait tout faire ! Et quand on aborda la manière dont les emplois futurs seraient répartis, on décida à l'unanimité qu'elle seule aurait le droit de choisir entre tragédie et comédie. Les autres seraient pourvus selon l'urgence et devraient s'incliner.

Il fut confirmé que les emplois de héros seraient tenus tour à tour par Clérin, Baptiste et Joseph Béjart.

Ce dernier, dont le bégaiement s'aggravait chaque jour, avait cessé de compter sur le miracle de la scène. On l'opérerait bientôt de son voile au palais.

En attendant, il faisait peine à voir, tassé près de la fenêtre ouverte, suivant d'un air de chien battu cette première répétition générale de l'Illustre-Théâtre, ponctuée de fous rires, de refrains et de jurons.

Jusqu'à une heure avancée, on échangea des répliques, on improvisa sur des thèmes libres, on fit même de la pantomime, bref on apprit à vivre ensemble.

Aux yeux de tous les acteurs présents, la mère Béjart incarnait le juge suprême. Ils ne cessaient de lorgner dans sa direction.

Riait-elle ? Essuyait-elle une larme ? Ils se rengorgeaient alors comme ces gros pigeons gris qui se posaient sur le balcon.

Au contraire, si elle demeurait impassible, ils s'arrêtaient soudain, tout décontenancés, ne sachant pas s'ils devaient poursuivre ou s'arrêter.

Le 30 juin, le contrat fut signé rue de la Perle, en présence d'un notaire venu tout exprès de Metz où il avait connu le défunt père Béjart.

Puis la compagnie se rendit en procession fantasque jusqu'à l'ancien jeu de paume.

– Nous voilà vraiment devenus des enfants de la balle ! s'exclama plaisamment Baptiste.

Dans un coin de la cour s'élevaient d'énormes pyramides de charpentes, livrées en vrac par Amblard, le plus gros marchand de bois de Paris, des solives de châtaignier qui pouvaient avoir quinze pieds de long sur sept de large. Un rideau crasseux bougea derrière la fenêtre de la maison d'en face. Baptiste eut le temps d'apercevoir le vieux Métayer, guettant avec une curiosité haineuse ces envahisseurs étrangers.

Pour tester l'acoustique de la salle, étroite et longue, Denis Bey lança quelques mots, à pleine voix, mais ils ne renvoyèrent qu'un écho assourdi.

– Le son a tendance à se perdre, il faudra surveiller de près l'aménagement de la scène.

Baptiste dit que c'était prévu. Un instant, il retrouva les intonations d'un tapissier-décorateur, à la fois précises et enchantées.

Au son d'une musique imaginaire, Geneviève se mit à tourner sur elle-même, ballerine élastique éclairée par un rayon d'or jailli de la verrière, tandis qu'avec des précautions de chatte, Madeleine entreprenait de recenser les plaies ouvertes du plancher.

Posté devant une embrasure sans porte, Nicolas Bonnenfant regardait le coude tortueux que faisait la rue de Seine en rejoignant la rue des Fossés.

– Ce coin me paraît un peu trop propice aux embarras de carrosses ! Un dégagement devant le théâtre sera nécessaire.

Georges Pinel hocha vigoureusement la tête en tirant des volutes de fumée noire d'une longue pipe noueuse qui ressemblait à un pied de vigne.

Plus loin, silencieux et grave, Germain Clérin prenait des mesures invisibles à l'aide de ses grands bras écartés, poussant de temps en temps des « Ah ! » ou des « Oh ! »

Madeleine Malingre, affalée dans un fauteuil éventré que les déménageurs avaient oublié d'emporter, s'était endormie comme une souche, veillée par Catherine des Urlis qui fixait rêveusement le labyrinthe des poutres du plafond.

– Je suis sûre que chaque nuit, des effraies nichent là-haut, murmura-t-elle à Baptiste.

– Ce sont de sacrés souffleurs ! plaisanta Baptiste sur le même ton.

Un sourire passa sur les jolis traits sévères de Catherine. Puis elle demanda, haussant la voix malgré elle :

– Quand pourrons-nous faire l'ouverture ?

– Vers la mi-décembre, si tout va bien.

– Décembre ! s'écria la vieille Malingre, réveillée en sursaut. Et qu'allons-nous faire en attendant ?

– Mais nous jouerons, dit Baptiste, comme s'il

énonçait une évidence. Nous jouerons partout où l'on voudra de nous.

La discussion avait attiré les autres.

– Baptiste a raison, dit Denis Bey, qui faisait déjà figure de patron. De cette façon, tout deviendra plus facile quand nous serons installés ici.

« Dit Molière »

Et ils jouèrent tout l'été, devant des publics indifférents ou narquois, mais aussi lors de représentations privées dans les plus beaux hôtels de la capitale.

Une fois, ils furent invités par Bernard d'Épernon, gouverneur du Languedoc, fils de l'ancien protecteur de Charles Dufresne dont il continuait à soutenir la troupe itinérante.

Avant de regagner sa province, le duc félicita chau dement Baptiste et ses compagnons :

– Si par malheur Paris vous est hostile un jour, souvenez-vous que mon beau pays de soleil et de vent vous attend.

Durant cette période, ils apprirent à fonctionner ensemble. Ce travail ressemblait à celui d'un orfèvre qui assemble les pièces d'une horloge ou à celui d'un orchestre accordant ses violons.

Au début, Baptiste se contenta de seconds rôles. Cela lui permettait d'observer ses camarades. Il n'était pas encore prêt pour les emplois de héros. Clérin s'en chargeait avec vaillance, essayant par une emphase un peu ronflante de damer le pion aux idoles de l'Hôtel de Bourgogne, Bellerose et Floridor.

Chaque jour, Madeleine faisait répéter Baptiste sous la tonnelle. Par chance, il possédait une mémoire d'âne. N'avait-il pas retenu sans difficulté des milliers de vers latins ?

En scène, tout se gâtait. Il ressentait une gêne aux entournures, ses oreilles bourdonnaient, son estomac se nouait. Il trébuchait, bredouillait. Heureusement qu'il quittait la scène assez vite !

Il se rappela avec quelle aisance il gesticulait et faisait son boniment sur les tréteaux de maître Bary, rebondissant comme un chat sur ces planches branlantes.

En ce temps-là, il ne se posait aucune question et se contentait de tresser des guirlandes de plaisir pur avec ses mots et ses gestes. Durant ces représentations à la sauvette, il redevenait le bambin précoce qui s'amusait à singer Turlupin devant sa glace.

A la fin du mois de septembre, Pinel dit à Baptiste, en trépignant de joie, que Scaramouche était revenu.

– C'est un homme étrange, tu verras. Certains, qui

se fient à sa souplesse magique et à sa fureur pour les femmes, affirment qu'il n'a guère dépassé la trentaine. D'autres, le jugeant sur sa mine parcheminée, lui en donnent aisément vingt de plus. *Qui lo sa?* comme il dirait. J'ai fait mes classes avec lui après t'avoir quitté Je suis sûr qu'il sera content de te recevoir, si tu viens de ma part.

Sans avertir Madeleine, Baptiste se rendit chez l'Italien.

Posée de guingois sur le Pont-Neuf, à moitié sur le pavé, à moitié dans le vide, la maison du célèbre mime était si contrefaite et penchée qu'elle menaçait de plonger dans la Seine. Par quel miracle pouvait-elle rester debout?

« Elle est à l'image de son propriétaire », songea Baptiste en souriant.

La porte s'ouvrit dans un horrible couinement de chêne. Un être sans âge, d'une maigreur fantomatique, apparut dans l'embrasure. Malgré la résille des rides, son visage était d'une grande beauté.

Scaramouche avait des cheveux gris, très abondants et coupés court, des yeux de lilas au regard paisible, un nez délicatement dessiné, une bouche aux lèvres minces et sinueuses, un cou de flamant rose. Ses jambes gainées dans un collant de danse noir étaient incroyablement longues. Tout comme ses mains qu'il ne cessait de faire bouger devant lui.

Après s'être recommandé de Pinel, Baptiste se présenta sobrement. Scaramouche le fit entrer dans une salle immense et vide, dont les murs chaulés étaient couverts d'affiches le représentant tout au long de sa prestigieuse carrière.

Dans un coin, une paillasse était roulée. Poussait-il l'ascétisme jusqu'à dormir dessus ?

– Signor Poquelini, soyez le bienvenu dans mon royaume, dit Scaramouche sur le ton d'un maître de cérémonies. Qu'attendez-vous de moi ?

– Je ne sais pas qui je suis, j'ignore ce que je pense, dit Baptiste. Je voudrais jouer la tragédie mais quelque chose en moi me pousse à la dérision. Je voudrais mieux connaître les ressources de mon corps, le rendre plus docile. Vous seul pouvez m'aider. Car, si j'ai la passion du théâtre, je crois ne pas en avoir encore les moyens.

– Signor Poquelini, permettez-moi d'abord de vous donner un conseil. Changez de nom ! Moi, je n'ai jamais regretté de m'appeler Scaramouche au lieu de Tiberio Fiorilli.

Baptiste sursauta. Depuis la scène qui l'avait opposé à son père, il pensait à cette métamorphose mais il hésitait sans pouvoir s'y résoudre encore.

– A présent, mettez-vous en face de moi et imitez mes gestes exactement comme si vous vous trouviez devant un miroir.

Baptiste suivait les mouvements imprévus et les mimiques de son modèle avec une précision folle. On avait même parfois l'impression qu'il les précédait.

– *Bene, bene* ! le félicita Scaramouche. A présent, pouvez-vous improviser une pantomime ? Souvenez-vous que vous devez occuper tout l'espace. Ajustez-vous à votre rôle comme un pied dans un soulier.

Le cœur battant, notre héros imita un valet ivre servant à table et le fit avec tant de brio, tant de naturel aussi, que Scaramouche se mit à rire aux larmes.

– Vous êtes un vrai *diavolo* ! s'écria-t-il après l'exhibition de Baptiste. *Per bacco*, jeune homme, je n'ai pas grand-chose à vous apprendre. Mais vous me plaisez, revenez me voir quand vous aurez besoin d'un ami.

Il lui tendit un gobelet d'étain plein à ras bord :

– Tenez, goûtez cette eau pétillante de mon pays. Elle vous lave en un clin d'œil de toutes les amertumes de la vie.

Baptiste quitta Scaramouche dans un état d'exaltation qu'il n'avait pas connu depuis longtemps.

Sur le chemin du Chapeau-de-Rose, il longea un mur couvert d'un lierre sombre dont les entrelacements subtils évoquaient une écriture inconnue. Baptiste aimait non seulement la matière mélancolique du lierre mais le mot lui-même. Il se le répéta plusieurs fois jusqu'à ce qu'il fasse un bruit de nostalgie à ses oreilles, comme la mer quand on l'écoute dans un coquillage.

L'eau de Scaramouche l'avait enivré davantage qu'un alcool. Il sentait encore ses petites bulles fondre au fond de sa gorge. Cette acidité piquante, un peu amère, lui rappela le vin de Charles Dufresne à Tarascon.

« C'était du Molière ! » s'écria-t-il à haute voix, tandis qu'un passant le regardait avec inquiétude.

Comme une pelote de laine se dévide, ce souvenir entraîna celui du poète assassiné, Molière d'Essertine, qui fit place à son tour à l'image du petit singe Fagotin, comédien et martyr, baignant dans son sang au milieu du Pont-Neuf.

Ainsi le nom de Jean-Baptiste Poquelin allait s'effacer peu à peu, s'éloigner dans le secret des registres ou bien se résumer en trois initiales d'une élégance distraite !

A cette idée, une vague de tristesse l'envahit. Un nouvel être s'emparait de son corps et de son esprit, narguant ses vieilles peurs, rompant toutes les digues.

Puis, au bout d'un moment, une paix étrange s'installa.

« Maintenant, je suis Molière », pensa-t-il.

Il était à peu près dans le même état qu'après avoir fait l'amour pour la première fois. Le monde lui apparaissait tout neuf, illimité. Tant de chemins ouverts l'attendaient ! Tant de chagrins à surmonter mais aussi tant de joies à donner !

L'Illustre-Théâtre ouvrit ses portes avec quinze jours de retard le 1er janvier 1644. A cause de la boue, due au temps exécrable, il fallut paver l'entrée comme l'avait prévu Nicolas Bonnenfant dès sa première visite.

Léon Aubry s'en chargea. Cet artisan paveur était l'un de leurs plus fervents soutiens. Il connaissait Madeleine Béjart depuis l'enfance et l'admirait éperdument. Le travail fut effectué en une semaine avec des pierres qu'il avait fait venir de Picardie. La cour brillait à présent comme un étang gelé. Mais il y eut peu de carrosses pour éprouver sa solidité en ce glacial jour de l'an.

L'œuvre choisie pour l'inauguration était une tragédie sonore intitulée *Le Martyre de saint Eustache.* Or le baptême de Baptiste avait eu lieu dans l'église Saint-Eustache des Halles, de l'autre côté du Pont-Neuf, il y aurait bientôt vingt-deux ans.

En outre, cette pieuse affiche réussirait peut-être à attirer du monde, malgré les sermons enflammés du curé de Saint-Sulpice. En effet, Jean-Jacques Olier, colosse sanguin et tourmenté, livrait aux comédiens une guerre inlassable, leur promettant à longueur de messes les tourments de l'enfer.

La pièce était signée d'une nouvelle recrue de la troupe, Nicolas Desfontaines, un Normand toujours vêtu de noir qui avait publié une suite du *Cid* en 1638 avec l'approbation amicale de Pierre Corneille. Il avait aussi tenu plusieurs rôles dans les pièces du poète. L'un de ses nombreux mérites consistait à torchonner des centaines de vers en une nuit, pourvu qu'il ait toujours un cruchon de vin sur sa table.

Jean, le cadet, s'était déplacé mais pas les petites sœurs de Molière. Magdelon, fiévreuse, était au lit. Catherine-Espérance, elle, avait tout bonnement refusé de venir.

– Ne lui en veux pas, dit Jean. Elle est bien jeune encore et les théâtres sont pour elle des lieux de perdition. Ce que n'est pas loin de penser aussi notre père !

– Comment se porte-t-il ? demanda Molière, timidement.

– Fort mal. Des crises de goutte le torturent et nous l'entendons gémir des nuits entières sans pouvoir le soulager.

- Pauvre vieux ! Parle-t-il de moi quelquefois ?

– Cela lui arrive, au détour d'une conversation, mais comme on évoque un disparu. Alors, ses yeux se mouillent et il ne dit plus rien.

Jean se tut un moment puis il ajouta d'un ton passionné :

– Baptiste, je suis sûr que malgré ton départ, notre père continue à t'aimer aussi fort. Tu es son préféré, ne le sais-tu pas ? C'est pour cela qu'il voulait tant que tu lui succèdes.

– Je suis sûr que tu fais ton métier à merveille, dit Molière qui apprit à son frère son changement de nom. Ainsi, vous n'aurez pas à rougir de moi au cas où mon théâtre ferait naufrage.

Baptiste avait raison d'envisager le pire. L'affaire s'engageait mal. En effet, bien que chacun des acteurs eût invité sa famille et battu le rappel de toutes ses connaissances, la salle était aux trois quarts vide.

On apercevait une dizaine d'ouvriers du chantier, maçons, menuisiers, tisserands, apparemment très fiers de leur œuvre mais qui passaient plus de temps à reluquer le plafond ou le plancher qu'à suivre le déroulement de l'action, si l'on peut dire.

Seul Léon Aubry était attentif, se grattant la tête de temps à autre et fixant d'un air désolé la scène, éclairée par une rangée de flambeaux. Renversée en arrière, la mère Béjart luttait contre le sommeil avec des mouvements convulsifs, comme s'il s'agissait d'un assaillant masqué.

Puisqu'il n'y avait personne, Arnould Métayer, le misanthrope d'en face, s'était décidé à sortir de sa tanière. Recroquevillé au fond de sa loge, il ne se défendit pas longtemps contre la torpeur qui l'envahissait et bientôt on l'entendit ronfler comme un sonneur.

Denis Bey s'interrompit au milieu d'un alexandrin et attendit que le bruit importun s'arrête. Mais l'autre se mit à actionner sa trompe de plus belle. Baptiste, qui tenait ce soir-là le double rôle de régisseur et de caissier, se précipita vers le vieillard et le secoua sans violence, dans une sorte de bercement. Arnould Métayer se réveilla en sursaut et jeta un œil hagard autour de lui.

– Où suis-je ? hurla-t-il, juste au moment où Madeleine commençait sa tirade.

Quand il vit dans quel guêpier il s'était fourré, le mauvais coucheur lâcha quelques jurons bien sentis et accepta de rentrer chez lui, traînant sa grande couverture en poil de chèvre comme un trophée préhistorique.

Quinze jours après ces débuts effroyables, un incendie nocturne ravagea en une heure l'hôtel du Marais.

Baptiste et Madeleine, tirés de leur lit par la rumeur du brasier, se précipitèrent à la fenêtre qui donnait sur le jardin et regardèrent, saisis d'une terreur sacrée, le théâtre s'écrouler dans une bourrasque d'étincelles.

Était-ce un signe du destin ? L'un de leurs principaux rivaux venait de disparaître. L'horizon s'éclaircissait soudain. Coup sur coup, la troupe donna *Scévole* de Du Ryer et *La Mort de Sénèque* de Tristan L'Hermite, cette tragédie que les acteurs avaient lue ensemble dès leur première rencontre.

Sans le savoir, Tristan avait guidé la vocation de Molière. Son frère, qui s'appelait drôlement Jean-Baptiste, était marié à la jolie tante de Madeleine Béjart, Marie Courtin. Cela avait créé des liens anciens et tendres.

D'autre part, le poète avait été jusqu'en 1642 chambellan du frère de Louis XIII, l'intrigant Gaston d'Orléans qu'on appelait Monsieur. Or celui-ci avait quitté son exil de Blois pour devenir lieutenant-général du royaume et son palais se trouvait à quelques jets de pierre du théâtre. Tristan obtint de son ancien maître qu'il accepte de parrainer la nouvelle compagnie. Monsieur y consentit de bonne grâce mais cette protection resta symbolique. En effet, l'altesse ne daigna pas délier les cordons de sa bourse.

Denis Bey étant victime d'une mauvaise grippe, c'est Molière qui hérita du rôle de Sénèque. La réputation sulfureuse de Tristan avait drainé vers la salle une petite foule d'admirateurs et de curieux.

Au premier rang, vêtu d'un manteau fait de pièces de cuir cousues à la diable, de bottes fourrées et d'un bonnet en poil d'ours qui lui donnaient l'allure d'un tsar, l'auteur en personne assista à la première représentation.

Baptiste fit son entrée, la tête couverte d'une courte perruque poudrée, une fausse barbe grise collée au menton. Pour interpréter le philosophe romain, il s'était enveloppé d'une ample toge blanche, et un manteau rouge frangé d'or flottait sur ses épaules. Dès ses premières répliques, les spectateurs se figèrent, Tristan eut un haut-le-cœur. Qu'est-ce que cela signifiait ? Ce Molière débitait les alexandrins aussi simplement qu'il eût demandé l'heure, sans aucune emphase mais sans grâce particulière non plus ! Il bafouillait même quelquefois et se déplaçait d'un bord à l'autre de la scène comme s'il s'agissait de sa propre chambre.

– Votre jeune ami me déconcerte, avoua Tristan à Madeleine pendant l'entracte. Personne aujourd'hui ne dit les vers comme lui. En même temps, sa maladresse me touche. Cette voix sans ornements me remue. Qu'il fasse à sa guise, après tout, dites-le-lui de ma part. C'est le public qui tranchera.

Ce soir-là, Baptiste reçut bien peu d'applaudissements. Comme Tristan le craignait, on n'était pas encore prêt à voir jouer ainsi la tragédie.

Le métier de ses partenaires, le charme de Madeleine, presque nue sous sa tunique transparente, l'adresse des musiciens, la beauté du décor et des costumes empêchèrent un désastre complet.

Mais ce sursis dura le temps d'un feu de paille. Bientôt, on dut écourter les représentations. Les comédiens étaient à bout de ressources. On avait pu se procurer au rabais de luxueux habits grâce à Marie Hervé, mais il fallait payer le reste au prix fort, sans la moindre perspective de rentrer un jour dans ses frais.

Nicolas Bonnenfant et la jeune Catherine des Urlis qui filaient depuis quelque temps le parfait amour, au grand désespoir de Clérin, soupirant transi de la belle, quittèrent la troupe sans un mot d'explication.

D'autres que l'aventure avait tentés ne firent qu'un passage éclair, accroissant encore les dettes et détruisant le moral de ceux qui restaient.

Il fallut tout gager, décors et mobilier.

La mère Béjart accepta de se porter garante pour ses enfants Madeleine, Geneviève et Joseph, et pour le compagnon de sa fille aînée.

Devant la faillite qui s'amplifiait de jour en jour, Baptiste réunit tout le monde et déclara d'un ton ferme :

– Nous ne pouvons plus rester ici ! Les anathèmes du curé de Saint-Sulpice nous ont tués. Non seulement nous sommes exclus des sacrements mais beaucoup de fidèles nous regardent à présent comme des diables. Alors mes amis, rompons notre bail et allons nous installer en face. Bien sûr, ce sera difficile. Nous subirons la concurrence de l'Hôtel de Bourgogne et surtout du nouveau théâtre du Marais qu'on est en train de reconstruire sur les cendres de l'ancien, mais avons-nous le choix ?

Ils échouèrent sur la rive droite, dans un autre jeu de paume situé rue des Barrés, au port Saint-Paul, et dont le nom, La Croix-Noire, évoquait une sorcellerie.

On pouvait y loger, ce qui était un avantage, et la salle était plus grande qu'aux Métayers.

Baptiste surveilla lui-même les travaux des tapissiers, trouvant brusquement du plaisir à cette besogne ingrate. On mit des franges de laine sur l'appui des loges, on tendit les murs de panneaux de toile bleue semés de fleurs de lys, on garnit les bancs de confortables revêtements de toile.

Il fallait réussir rapidement afin de payer les dettes accumulées. Madeleine y croyait encore. Elle était d'une énergie de louve. Rien ne pouvait l'abattre, ni les cauchemars d'argent, ni le public clairsemé, ni les défections.

Évinçant Denis Bey, Baptiste devint officiellement le chef de L'Illustre-Théâtre.

Après tout, c'était leur œuvre commune, à Madeleine et à lui, et même un peu leur enfant, ainsi qu'il le lui avait dit, un soir déjà lointain, déchaînant sa colère. S'ils formaient encore un couple, ne le devaient-ils pas à ce rêve de pierre et de bois que son imagination enfiévrée peuplait de fantômes en délire ?

Le nouvel hôtel du Marais rouvrit avec à l'affiche deux pièces de Corneille, *Rodogune* et la suite du *Menteur*. Tout Paris courut admirer non seulement les pièces du Normand mais les deux scènes immenses et les espaces pratiqués pour accueillir des machineries merveilleuses.

Pendant ce temps, la compagnie de Molière donnait *Le Jugement équitable de Charles le Hardi* de Desfontaines et l'*Artaxerce* de Magnon !

L'argent frais commençait à manquer. Chaque comédien avait beau emprunter, le gouffre se creusait dangereusement.

Vers le début de l'année 1645, la situation se stabilisa. Le 15 janvier 45, pour fêter ses vingt-trois ans, l'heureux directeur de l'Illustre Théâtre put même emmener ses camarades au *Cochon Ravi*. Ce soir-là, il était d'humeur farceuse et il fit le pitre jusqu'à une heure avancée.

On revint à pied, chantant de vieilles chansons à tue-tête dans le silence bleu de la nuit. Madeleine prit Baptiste par le bras et s'appuya silencieusement contre lui. Cette marque toute simple de confiance et d'amour faillit le faire pleurer comme un enfant.

Mais cette pause n'était qu'un mirage, l'éblouissement fugitif qui précède la fin. Décidément, dans le quartier, crédit était bien mort ! Fatigués d'attendre leurs créanciers aux portes d'un théâtre vide, les prêteurs exigèrent le remboursement immédiat des sommes engagées, menaçant de porter l'affaire au Châtelet.

Il y eut un autre coup du sort à cette époque. En effet, à la lumière de la plainte officielle, on découvrit que la mère Béjart n'était pas propriétaire de sa maison de la rue de la Perle. La garantie qu'elle avait fournie n'était donc qu'un rideau de fumée !

Baptiste se jeta de nouveau sur ses vieux livres de droit. Combien de bougies usa-t-il jusqu'au matin pour y chercher des recettes miraculeuses, tandis que Madeleine, nue, dormait. Éclairée de profil par la flamme, elle ressemblait à un tableau de Georges de La Tour.

D'une audience à l'autre, devant juges et notaires, il jeta à la face congestionnée de ses accusateurs des calculs si chimériques et des comptes si embrouillés qu'ils perdirent patience.

Aux premiers jours de l'été, la femme de l'un d'eux qui se nommait Pommier courut à la Croix-Noire réclamer son dû. Les comédiens l'accueillirent à moitié nus, faisant une ronde autour d'elle et lui scandant aux oreilles des tirades assourdissantes.

Se voyant cernée par ces imprécateurs qui tapaient du pied en proférant leurs conjurations, cette furie au gabarit de sergent se mit à grogner comme une truie sous le couteau du boucher, essayant de franchir par la force ce cercle maléfique.

Enfin, ses énormes poings gélatineux trouvèrent la faille. Baptiste n'eut que le temps de s'écarter pour ne pas être assommé. Emportée par son élan, la mégère se retrouva par terre, ses robes sur la tête, montrant qu'elle avait oublié de mettre des dessous.

On la releva, rougissante et honteuse. Des larmes de rage brillaient dans ses petits yeux noirs. Avant de disparaître dans la rue des Fossés, elle lança aux acteurs secoués d'un rire frénétique :

– Tas de maudits, de mécréants, je me vengerai !

Elle tint sa parole et porta plainte pour voies de fait sur sa personne. Au même moment, Cocuel, marchand d'épingles, et Fausser, marchand de chandelles, pour deux factures de 115 et 27 livres réclamèrent l'arrestation immédiate du chef de la troupe.

Quand les archers du roi arrêtèrent notre héros à la sortie de son théâtre, il essaya de faire bonne figure mais des sueurs froides le glaçaient tout entier. Depuis son séjour malheureux chez maître Bary, cela lui arrivait dans les moments de grande tension.

Les comédiens, pendant qu'on lui liait les mains, vinrent l'embrasser à tour de rôle.

Le sang s'était retiré de la face du malheureux Pinel, sauf à l'endroit de sa balafre qui rutilait horriblement. Le professeur déposa un baiser sonore sur la joue de son petit Achille puis se détourna, trop ému pour dire un seul mot.

– Nous te sortirons de là très vite, jura Madeleine à son amant d'une voix brisée de sanglots.

Denis Bey, Nicolas Desfontaines et Madeleine Malingre montrèrent davantage de réserve. Le premier n'avait guère goûté le coup de force de Baptiste pour l'évincer. Le second pensait que ses chefs-d'œuvre étaient saccagés exprès par un jaloux mais il n'osait pas s'en prendre ouvertement à lui. Alors il boudait devant son cruchon de bordeaux avec des mines de tête à claques. Baptiste qui l'aimait bien feignait de ne pas entendre ses soupirs. Il lui trouvait l'allure d'un habitant de la lune et ne parvenait pas à lui en vouloir. Et puis, après tout, peut-être Desfontaines avait-il des raisons d'être mécontent !

La troisième s'était découvert une passion folle pour Baptiste, notre héros. Le teint frais du jeune homme, sa lippe rouge soulignée par une fine moustache ironique, ses gros yeux pleins de flamme et ses abondants cheveux noirs faisaient vibrer sa soixantaine.

Elle jouait la coquette devant lui, dans des déshabillés de toile d'argent qui révélaient des formes approximatives, osait des grâces qui n'avaient déjà plus cours dans sa jeunesse, lui jetait des œillades de chienne soumise.

Comme il ne s'apercevait de rien, croyant qu'elle répétait quelque chose de secret, peu à peu, l'amour de la vieille fille avait tourné vinaigre. Au moment où l'on emmenait l'indigne objet de sa flamme, elle lâcha entre ses dents un « C'est bien fait ! » d'enfant dépitée.

« Je suis en prison ! »

Baptiste se répétait ces mots sinistres avec une incrédulité désespérée.

Sa cellule était un carré minuscule et humide, étroitement grillagé. Par cette fenêtre barrée, il vit le ciel bleu marine virer au gris cendre. Le geôlier entra, muni d'une torche, et déposa sur le banc adossé à l'épaisse muraille une cruche d'eau et la moitié d'un pain bis.

La nuit d'août tomba d'un coup, allumant dans le ciel de velours noir des milliers de lumignons dorés.

Allongé sur son bat-flanc, le malheureux prisonnier songeait à ce qui l'avait conduit là. Il n'avait ni faim ni soif. Il se sentait dans l'état d'un homme tombé au fond du puits et qui n'a même plus la force d'appeler au secours. Il se souvint qu'avant lui, François Villon et Clément Marot avaient fréquenté ces souterrains infernaux. Dans le couloir, une torche brûlait. Il pouvait en deviner les vacillements souffreteux à travers le grillage du guichet.

Une angoisse lui rongeait le cœur. Celle d'avoir perdu son honneur. Il avait trop laissé la bride sur le cou des Béjart. C'était une famille habituée aux jongleries commerciales, il le savait. Aussi aurait-il dû être prudent, veiller lui-même aux comptes. Mais il était trop occupé par sa vocation. Il pensait n'avoir pas délaissé son ancien métier pour continuer à se perdre dans des calculs mesquins. D'ailleurs, n'était-il pas encore tapissier et valet de chambre du roi ? Son père ne l'avait nullement délivré de cette charge. Il l'avait transmise au cadet à titre temporaire, espérant sans doute que l'aîné finirait par reprendre sa place.

Le moment fatal était-il venu ? Devait-il tout abandonner et rentrer au bercail ?

Cette perspective lui redonna du courage pour supporter son sort. Il comprit qu'il préférait l'injustice à la fin de ses illusions.

Soudain, alors qu'il s'enfonçait dans les brumes du sommeil, des spectres familiers vinrent lui tenir compagnie. C'était une ronde très lente, un manège tremblant. Il voyait nettement les visages de ces chers disparus, il entendait leurs voix comme renvoyées par un écho géant :

Le profil de sa petite maman, penchée sur sa Bible.

La dégaine donquichottesque de son grand-père sur sa jument Sarah.

Les délicatesses irisées de sa grand-mère lingère, Agnès Mazuel, qu'il avait accompagnée au cimetière en juillet de l'été passé.

Le corps maigre et doré de Catherine Fleurette, sa belle-mère ennemie, et ses jurons de charretier comme des mots d'amour.

Lui-même n'était-il pas un survivant ? Il haïssait la camarde. Jamais elle ne serait une camarade, de celles qu'on appelle quand tout va mal.

« La vie, rien que la vie mais toute la vie », telle était sa devise.

La Mort d'Achille d'Alexandre Hardy, *Hercule mourant* de Jean Rotrou, *La Mort de Sénèque* et *La Mort de Crispe* de Tristan L'Hermite, *La Mort de César* de Scudéry, *La Mort de Mithridate* de La Calprenède, *La Mort de Pompée* de Pierre Corneille, bien sûr, il s'agissait de grands et nobles sujets et l'on trouvait dans ces pièces des vers incomparables mais cela ne finissait-il pas par sonner le creux ? Étaient-ils poètes ou embaumeurs ?

Baptiste se dit qu'il aurait dû écouter Scaramouche. Il était fait pour la farce, le mime, la gambade. C'est dans ce moule aérien que son être véritable de créateur et de comédien pourrait un jour prendre forme. Après tout, combien de bourgeois rassis et ridicules n'étaient au fond que des arlequins vieillis, ayant troqué leur masque de cuir contre un masque de fer-blanc ?

En roulant ces pensées dans sa tête, il finit par s'endormir, recroquevillé comme un fœtus dans le ventre humide des ténèbres.

Sitôt son Baptiste arrêté, Madeleine avait couru chez son ami d'enfance, le maître paveur Léon Aubry. Combien de fois ne lui avait-il pas avancé de quoi se payer un bijou, un parfum, une robe ?

Il ne s'était pas longtemps fait prier, en échange d'un baiser fraternel. Où trouver à présent le reste de la somme ?

Elle décida d'aller voir Jean Poquelin lui-même. Elle savait qu'il ne l'aimait pas et la considérait comme l'instrument de la ruine de son fils mais elle avait assez de courage pour l'affronter.

Il la reçut dans son bureau. Malgré la chaleur étouffante, il s'était enveloppé d'une immense robe de chambre en taffetas flambé qui faisait autant de plis que la graisse de son cou. Un bonnet de soie noire dissimulait son crâne dégarni et lui donnait l'aspect d'un notaire.

Sur la table traînait une perruque poussiéreuse, couvrant à demi un registre ouvert où les colonnes de chiffres ressemblaient à des processions de fourmis.

– Asseyez-vous ! lui dit-il d'un ton rogue. Vous avez de la chance d'être la fille de Marie Hervé qui était liée à ma mère Agnès Mazuel depuis tant d'années. Asseyez-vous. Qu'est-ce qui vous amène ?

En quelques mots, Madeleine l'informa de la situation. Jean Poquelin hocha sombrement la tête.

– Cela lui pendait au nez. Ne lui ai-je pas répété durant toute son enfance que si la mathématique est une science divine, elle ne fait pas souvent de miracles.

Mais il n'a jamais voulu m'écouter. Je ne suis sans doute à ses yeux qu'un commerçant grossier. Il a honte de moi, je le sais, alors que toute ma vie j'ai travaillé dur pour élever mes enfants.

Il se mit à trembler comme une feuille :

– J'étais si fier de lui !

– Vous pouvez l'être encore, dit sèchement Madeleine. Votre fils a toutes les qualités pour réussir. Aidez-le à traverser cette mauvaise passe et il vous le rendra au centuple.

Une lueur cruelle passa dans les yeux de Jean Poquelin :

– Je me tâte ! Figurez-vous que je ne suis pas mécontent qu'on ait bouclé Baptiste. Cela lui mettra du plomb dans la cervelle et, sa peine finie, qui ne peut pas être très longue, il abandonnera peut-être ses chimères.

– Monsieur Poquelin, la postérité dira que notre siècle est celui de Molière, lança Madeleine comme un défi. Voulez-vous qu'on vous traite d'avare et de sans-cœur ?

– Peu me chaut la postérité, mademoiselle ! La seule chose qui compte aujourd'hui c'est le bien de mon fils. Doit-il endurer la peine qu'il a méritée pour sa légèreté ou dois-je l'aider à poursuivre dans une voie bouchée ? De combien s'agit-il au juste ?

– De 125 livres tout rond.

– 125 livres ! Vous voulez m'écorcher vif.

– C'est ce qu'exige la mère Pommier pour oublier qu'elle a montré son postérieur et le reste à la troupe.

Jean Poquelin consentit à sourire. Fixant rêveusement les cheveux couleur de feu de Madeleine, il murmura :

– Vous êtes une diablesse et je comprends que mon fils n'ait pas pu vous résister. Allez dire au lieutenant général qu'il aura son argent. La seule chose que je vous demande, c'est de ne rien dire à Baptiste quand il sortira.

Le 4 août, Baptiste fut remis en liberté provisoire. Madeleine l'attendait devant les portes du Châtelet. Ils allèrent sur les bords de la Seine et s'allongèrent au soleil qui console de tout. Comme le jour de leur première rencontre, le fleuve était assailli de baigneurs. De très jeunes femmes en chemise, poursuivis par des garçons presque nus, riaient aux éclats. Des poissons d'or glissaient à la surface de l'eau.

Baptiste posa sa tête lourde sur les seins de Madeleine. Elle respira plus fort puis, avec la frénésie ralentie d'une aveugle, toucha les paupières de son amant, ses tempes, ses pommettes, ses joues, suivit l'arête du nez, l'arrondi du menton, la courbe de la bouche.

– Tu m'as tellement manqué ! dit-elle tendrement. Autour de moi, ce fut tout de suite la débandade. Dès ton incarcération, nos amis se sont égaillés dans la nature comme des moineaux. Tu comprends, les tournées vont commencer, on s'arrache les transfuges.

Baptiste haussa les épaules. Les rats quittent le navire quand il coule. Bon vent !

– Et Pinel ? Il est parti aussi ? demanda-t-il.

– Hélas ! Ne sachant pas quand tu sortirais de prison, il est allé s'enrôler chez Dufresne à Lyon.

– Alors je le verrai bientôt.

– Quoi ? l'interrompit Madeleine en se redressant.

– Je quitte Paris, s'écria Baptiste avec une détermination farouche. Je ne veux pas courir le risque d'être encore arrêté. Mais tu n'es pas obligée de me suivre, tu t'es assez dévouée. Je suis sûr que le Marais te ferait des ponts d'or, si tu voulais... Sans parler de l'Hôtel de Bourgogne.

Madeleine secoua violemment ses cheveux de flammes :

– Je pars avec toi !

– Tu n'auras pas de regrets ?

– Je ne montre plus depuis longtemps mes douleurs à personne, répondit-elle en l'embrassant. Celle de te perdre est la seule que je ne pourrais cacher.

Baptiste et les trois Béjart quittèrent Paris en début d'après-midi dans un char à bœufs.

Joseph l'avait laborieusement marchandé à la foire Saint-Laurent contre un pourpoint de satin bleu, un haut-de-chausses de velours noir, un manteau de soie jaune, plus un tableau à l'huile représentant une sainte Madeleine en prière. C'est tout ce qu'on avait pu sauver de la ruine.

Les seuls rescapés de L'Illustre-Théâtre, entassés sur une litière de foin, ballottaient au rythme de ces animaux étiques et sales qui tiraient la voiture en soufflant.

Renversé en arrière, Baptiste était à bout de forces. Il avait beau n'avoir que vingt-trois ans, il se sentait déjà vieux. Il avait tant lutté contre le mauvais sort que ses joues poupines s'étaient dégonflées ; une ride sombre barrait son front et deux plis d'amertume creusaient les coins de sa bouche.

Son enfance puis son adolescence avaient été tissées d'espoirs déçus. Il avait voulu quitter les rangs d'une lignée d'artisans honorables qui acceptaient leur sort sans se plaindre, sans rêver d'atteindre des cimes inaccessibles. Pour obéir à sa vocation, il avait passé outre aux malédictions de son père, acceptant d'être maudit, ruiné, chassé de chez lui comme un criminel.

Mais malgré l'échec cinglant qu'il venait d'essuyer, la tentation de rentrer dans le rang ne l'effleurait pas. Au contraire, il s'apprêtait à poursuivre la lutte autant d'années qu'il faudrait.

Il pensa aux deux amis qu'il laissait derrière lui. Bernier avait définitivement quitté l'Occident, trop étroit et trop gris pour sa curiosité gourmande. Paysan des Antipodes, peut-être vivait-il la tête en bas ?

Quant à Chapelle, ce petit drôle, on disait qu'il courait les mauvais lieux, brûlant la chandelle en se moquant du lendemain, ivre de vin clairet et de filles brunes.

Entre ces voies extrêmes, Baptiste avait choisi les galères mélancoliques d'une existence de saltimbanque. Ce mot ne l'effrayait pas. Il évoquait un tourbillon bariolé, des tours de passe-passe, des tréteaux en plein air et ces acrobaties parfaites qu'on appelle soleils.

Ce qui peinait le plus Baptiste, c'était de ne pas avoir eu le courage d'aller chez son père depuis la scène violente qui les avait opposés. Mais en le voyant, le vieux Poquelin n'aurait-il pas cru au retour de l'enfant prodigue ? S'apercevant de son erreur, il aurait été forcément déçu.

Serait-il toujours de ce monde quand Baptiste reviendrait ? Pourraient-ils un jour se comprendre et se pardonner ?

La charrette cahotait maintenant entre deux rangées de platanes au tronc gris, au feuillage d'un vert candide. Madeleine et Geneviève dormaient à poings fermés. Joseph menait les bœufs en moulinant de grands gestes farouches qui lui donnaient l'air d'un barbare.

Au moment où ils s'engageaient sur la route d'Orléans, Baptiste se retourna vers la cité qui l'avait vu naître et, lui montrant le poing, murmura comme pour lui-même :

– Adieu, ville cruelle ! Adieu, public ingrat et changeant ! Adieu, cabales d'un soir, éternels croche-pieds de la gloire ! Vaniteux Parisiens, vous avez cru me précipiter dans la ruine et la honte. Détrompez-vous, c'est ma liberté que vous m'avez rendue. Je suis libre aujourd'hui, libre comme ce passereau qui nous montre le sud, libre comme ce vagabond que nous venons de croiser, cuvant son vin dans le fossé. Mais ne croyez pas en avoir fini avec moi. Je reviendrai, n'en doutez pas, et ce jour-là, tous tant que vous êtes, vous vous battrez pour applaudir Molière.

Baptiste retomba dans le foin, hors d'haleine et les yeux pleins de larmes. Au-dessus de sa tête, de rares nuages tanguaient doucement. Soudain, il entendit une voix résonner en sourdine à son oreille. Écho d'un songe ancien, remords du vent d'été ? Cela ressemblait au bourdonnement d'une prière. C'était éperdu, insistant. Il eut l'impression de plonger dans un bain d'ombre fraîche, en dépit de la chaleur qui augmentait de minute en minute, de la poussière blanche soulevée par les bœufs et de la route monotone.

La voix se fit plus précise et plus tendre. Dans un éblouissement, il reconnut Catherine-Espérance, chantonnant comme autrefois avant de s'endormir : « Tiste... Tiste... »

Toute son aigreur, toute sa colère retombèrent d'un seul coup. Il était là le secret qu'il cherchait en vain depuis son départ. Il résidait dans cette abréviation lancinante, murmurée naguère par une enfant géniale qui avait choisi de jouer sa vie à croix ou pile sur la scène obscure d'un couvent.

« Tiste... Tiste... »

Cette syllabe aiguë et ferme comme une aiguille, fragile aussi comme un anneau brisé, l'accompagnerait dans son périple. Elle deviendrait son porte-bonheur, son fétiche. C'est ce petit nom de guerre qu'il illustrerait désormais dans le mystère de son cœur.

Alors, seulement, il deviendrait Molière.

Gagné par le roulis des roues grinçantes, Baptiste ferma les yeux tandis que cet appel venu de sa jeunesse morte battait au plus profond de lui.

L'exil de Molière en province devait durer treize ans.

Sganarelle insatiable, il se produisit de Narbonne à Rouen, de Rennes à Dijon, de Toulouse à Grenoble, devant des spectateurs de plus en plus nombreux qui lui firent une haie d'honneur imaginaire et triomphale jusqu'à son retour à Paris en 1658.

Mais cela, c'est une autre histoire.

TABLE DES MATIÈRES

PIERRE LEPÈRE

L'AUTEUR

Pierre Lepère est né à Lyon à la fin de la Seconde Guerre mondiale. Il a passé son enfance en Allemagne, en Algérie et au Maroc. Auteur de recueils de poèmes publiés chez Gallimard, il a également écrit des essais et des romans.

PHILIPPE MIGNON

L'ILLUSTRATEUR

Philippe Mignon est né en 1948. Il entreprend des études d'architecture puis décide de se consacrer à l'illustration. Pour Folio Junior, il a illustré de nombreux ouvrages dont *Le lion* de Joseph Kessel, *Deux amis et autres contes* de Guy de Maupassant et *Les bottes de sept lieues* de Marcel Aymé.

Si vous aimez le théâtre,
découvrez les titres de la collection

FOLIO **JUNIOR THÉÂTRE**

A PERTE DE VIE

Jacques PRÉVERT

n° 1043

Une troupe de saltimbanques, un jardinier et une duchesse, un fils qui rapporte à sa mère la tête de son frère, un homme qui vient chercher sa vie aux objets trouvés...
Quatre pièces cocasses reflètent l'inventivité et l'insolence de Jacques Prévert : *Le tableau des merveilles, Entrées et sorties (folâtreries), En famille, A perte de vie.*

LE BEAU LANGAGE

Jacques PRÉVERT

n° 1044

Six sketches qui jouent sur les mots et la langue. Quatre pièces plus longues, à mi-chemin entre le scénario et le théâtre. Une grande variété de styles qui montrent avec quel esprit le poète glisse d'un genre à l'autre. A vous de suivre...
Le beau langage, L'accent grave, L'addition, Des uns et des autres, Suivez le guide, Histoire ancienne et l'autre, En wagon, Retour des courses, Les trois jumeaux du Val d'Enfer, La nuit tombe sur le château.

EN PASSANT

Raymond **QUENEAU**

n° 1045

Irène et Etienne ne s'aiment plus, Sabine et Joachim non plus. Les couples s'en vont avec le dernier métro, les passants passent, les mendiants restent.
Une ritournelle amoureuse et énigmatique que rien n'empêche de prolonger à l'infini, à la manière des exercices de style.

FINISSEZ VOS PHRASES

Jean **TARDIEU**

n° 1046

Trois pièces facétieuses, drolatiques qui, avec un esprit inégalé, explorent les possibilités du langage et ses rapports avec la scène.
Trois comédies : *Un mot pour un autre*, *Finissez vos phrases !* ou *Une heureuse rencontre*, *Les mots inutiles.*

LE BEL ENFANT

Jacques **PRÉVERT**

n° 1100

Ces sept petites pièces furent écrites par Prévert dans les années 1930, pour le groupe Octobre, et jouées dans l'instant et dans l'urgence. On y retrouve l'enga-

gement de l'artiste, toujours teinté de cet humour ravageur qui touche les petits comme les grands.
Fantômes, Le bel enfant, Un drame à la cour, Un réveillon tragique, Bureau des objets perdus, Le pauvre lion, Le visiteur inattendu.

LE GOBE-DOUILLE ET AUTRES DIALOGUES

Roland **DUBILLARD**

n° 1101

Rassemblés dans ce recueil, sept « dialogues » choisis pour la variété des situations qu'ils proposent. Situations à l'origine simples, peu à peu transformées par cet extraordinaire mélange d'inventivité poétique et dramatique qui fait l'immense succès des sketches de Roland Dubillard.
Le tilbury, Les voisins, L'itinéraire, Nostalgie, Le ping-pong, Le malaise de Georges, Au restaurant, Dialogue sur un palier (Le gobe-douille).

TROIS CONTES DU CHAT PERCHÉ

Marcel **AYMÉ**

n° 1132

Françoise Arnaud, petite-fille de Marcel Aymé, et Michel Barré, tous deux comédiens, ont choisi trois *Contes du chat perché* qu'ils ont adaptés pour le théâtre. Ils en offrent une version dialoguée, fidèle au

texte original, qui permettra à tous de mettre en scène ces merveilleux récits qui ont déjà fait rêver plus d'une génération.
Les trois contes choisis : *Le chien*, *Le loup*, *La patte du chat*.

LE ROI SE MEURT

Eugène **IONESCO**
n° 1133

Comique ou tragique, pathétique ou grotesque ? Le roi de Ionesco se voit confronté à la mort. Son univers s'écroule, notre univers s'écroule. Retrouvez ce personnage désormais classique, qui incarne l'angoisse de l'homme, son humour aussi, et qui fait pleurer, rire, pleurer de rire des salles entières de spectateurs.

LA COMÉDIE DE LA JUNGLE

Rudyard **KIPLING**
n° 1169

La Comédie de la jungle est une œuvre inédite, écrite il y a plus d'un siècle par l'illustre auteur du *Livre de la jungle*. Aujourd'hui, en exclusivité, découvrez ce texte inconnu et rejoignez les premiers pas scéniques de Mowgli, jeune premier déchiré entre ses deux familles, les animaux et les hommes.

La Place de l'Étoile

Robert **Desnos**

n° 1170

Méconnue, rarement jouée, *La Place de l'Étoile* fut écrite à la fin des années 1920, par l'un de nos plus grands poètes surréalistes. Ce chef-d'œuvre de drôlerie insolite se compose de neuf scènes où se croisent d'improbables personnages, à la fois proches et fuyants, en une balade aux multiples branches.

Ce que parler veut dire

Jean **Tardieu**

n° 1191

Rires, éclats de voix, apparitions furtives, répliques brèves, tout un monde se dessine en arrière-plan. Le ton est souvent cocasse ou franchement burlesque, l'humour subtil et savoureux. Ce théâtre qui explore les vertus et les limites du langage ne cesse de séduire les jeunes générations.

Recueil de quatre pièces : *Ce que parler veut dire* ou *Le Patois des familles, De quoi s'agit-il ou La Méprise, Le Meuble, Le Guichet.*

La Scintillante

Jules ROMAINS

n° 1192

La marchande de « vélocipèdes » reçoit des clients peu ordinaires... Et on discute ferme dans le salon de cirage de chaussures. Des personnages désopilants, un ton léger et drolatique, tout un monde observé avec finesse et amusement par le célèbre auteur de *Knock*. Un portait tendre et amusé de la société française des années 1920.
Le recueil rassemble deux pièces en un acte : *La Scintillante* et *Amédée et les messieurs en rang.*

L'Âne et le ruisseau

Alfred de MUSSET

n° 1203

Le baron doit épouser la comtesse et le marquis, la belle Marguerite. Mais on doute, on a peur de s'engager. La terrible jalousie entre en scène...
Une pièce brillante, drôle et enlevée, par un prince du romantisme, l'auteur de *On ne badine pas avec l'amour* et de *Lorenzaccio.*

Charlie et la chocolaterie

Roald **Dahl**

n° 1235

Charlie monte sur les planches. Retrouvez-le dans cette adaptation du célèbre roman de Roald Dahl, en quête du fameux ticket d'or.

L'intervention

Victor **Hugo**

n° 1236

Edmond peint des éventails, Marcinelle est brodeuse. Ils s'aiment mais ils sont pauvres. Un jour, une chanteuse et un baron font irruption dans leur petite mansarde. Sauront-ils résister à la tentation d'une vie plus facile mais superficielle ? Une pièce étonnante, drôle et virulente, tirée du *Théâtre en liberté* de Victor Hugo.

Mise en pages : Karine Benoît

Loi n° 49-956 du 16 juillet 1949
sur les publications destinées à la jeunesse
ISBN : 2-07-055602-6
Numéro d'édition : 135432
Numéro d'impression : 71887
Dépôt légal : février 2005
1er dépôt légal dans la même collection : septembre 2003
Imprimé en France sur les presses de la Société Nouvelle Firmin-Didot